괴테로 인생을 풀다

괴테로 인생을 풀다

박기형 지음

이음과펼침

머리말

삶은 쉽게 풀리지 않는다. 그러나 어떻게 바라보느냐에 따라 전혀 다른 길이 열린다.

우리는 매일 선택하고, 견디고, 책임지며 살아가지만 정작 어떻게 살아야 하는지에 대한 기준은 점점 흐려지고 있다. 노력은 하는데 방향이 불분명하고, 생각은 많은데 발걸음이 무겁다. 이 책은 그런 막막함 속에서 시작되었다.

괴테는 시인이었고, 사상가였으며, 과학자이자 행정가였다. 한 분야만으로도 충분히 이름을 남길 수 있었던 인물이 여러 영역을 넘나들며 평생을 열심히 살았다.

그는 글을 썼고, 극을 기획했으며, 자연을 연구했고, 공적인 자리에서 책임을 감당했다. 삶을 이론으로만 말한 사람이 아니라, 직접 부딪히며 살아낸 사람이었다.

오랫동안 괴테를 '위대한 문학가'로만 알고 있었다. 그의 대화를 다시 읽으며 나는 한 가지 사실을 새삼 깨닫게 되었다. 그는 단지 문학의 영역에 머문 인물이 아니라, 한 인간이 자신의 삶을 어떻게 마주하고 다루어야 하는지를 몸소 보여준 사람이었다는 점을 알게 되었다.

특히 인생의 중반에 접어들면서 그의 문장은 전혀 다르게 다가왔다. 젊은 시절에는 교양의 일부로 읽혔던 말들이, 시간이 흐른 뒤에는 삶의 지침처럼 읽혔다. 예전에는 추상적으로 보이던 문장들이 어느 순간 구체적인 행동의 기준이 되었다.

"작은 것부터 시작하라."

"다른 사람이 너를 원하지 않는다는 사실을 받아들여라."

이 말들은 철학적 선언이 아니라 삶의 기술에 가까웠다. 생각을 정리하는 방법, 일을 시작하는 태도, 관계를 다루는 기준을 뚜렷하게 알려주었다.

한때 추상적인 사고 속에 갇혀 방향을 잃은 적이 있다. 더 깊이 생각하려 했지만 오히려 움직이지 못했다. 인정받고 싶었지만 현실은 기대와 결과 사이에서 스스로를 소모하고 있었다. 그때 괴테의 문장이 생각났다.

“인간이 자신에게 줄 수 있는 가장 놀라운 교양은, 다른 사람들이 자신을 원하지 않을 수도 있다는 사실을 아는 것이다.”

그 문장을 통해 나는 인정받는 삶이 아니라, 스스로 설 수 있는 삶이 무엇인지 다시 생각하게 되었다.

괴테의 사유는 결코 추상으로 끝나지 않는다. 그는 언제나 “그래서 어떻게 살 것인가”로 돌아온다. 넓게 보되, 한 가지를 끝까지 책임지라고 말한다. 재능을 조급하게 증명하려 하지 말고, 시간이 스스로 말하게 하라고 한다. 비난을 없애려 하지 말고, 그 비난이 닿지 않는 자리로 이동하라고 한다.

그는 삶을 거창하게 설계하라고 하지 않는다. 대신 태도를 점검하라고 한다. 흔들려도 무너지지 않는 태도, 사랑하되 집착하지 않는 지혜, 성공 속에서도 자신을 잃지 않는 기준.

이 책을 통해 괴테를 학문적으로 해설하려 하지 않았다. 대신 그의 말을 오늘의 삶 속으로 옮겨 보고자 했다. 직장에서, 가정에서, 인간관계 속에서, 그리고 제2의 인생을 준비하는 시간 속에서 그의 문장이 어떤 의미로 살아나는지를 따라가 보았다.

교양이란 무엇일까.

지식의 양일까, 아니면 삶을 다루는 방식일까.

괴테 이후 지식은 점점 세분화되었고, 우리는 전문성을 얻는 대신 삶 전체를 보는 시야를 잃어가고 있는지도 모른다.

이 책은 우리가 무심코 놓쳐버린 균형을 다시 찾아가기 위한 작은 시도다. 더 많이 아는 사람이 되기 위함이 아니라, 단 하나의 깨달음이라도 끝까지 행동으로 실천할 줄 아는 사람이 되기 위함이다.

또한 생각을 끝없이 쌓아두는 데 머무르지 않고, 그 생각을 삶 속에 적용하여 옮기는 사람이 되기 위한 다짐이다.

괴테를 곁에 둔다는 것은 그의 문장을 암기하는 일이 아니다. 막막할 때 한 문장을 펼쳐 보고, 방향을 잃었을 때 한 걸음 물러서게 해 주는 기준을 갖는 일이다.

늦었다고 생각하는 순간이 어쩌면 가장 빠른 시간일지도 모른다.

괴테를 통해 나를 다시 읽기 시작했다.

이제, 이 책이 당신의 삶을 조금 더 또렷하게 비추는 거울이 되기를 바란다.

목차

머리말 4

1장 삶을 대하는 마음가짐

1. 시련을 통해서만 깨닫는 인간 17
2. 살아 있다는 것은 끊임없이 다시 시작하는 일이다 24
3. 성급함은 언제나 인간을 미성숙하게 만든다 30
4. 삶은 견뎌내는 것이 아니라, 통과하며 배워야 할 것이다 39

2장 세상의 이해

1. 사람을 단번에 판단하려는 순간, 이해는 멈춘다 47
2. 자연은 관찰해야 하는 존재 64
3. 부분만 보는 사람은 언제나 전체를 오해한다 76
4. 사실을 바라보는 태도 90

3장 나의 내적인 삶

1. 인간은 고독 속에서 자기 자신을 가장 정직하게 만난다 103
2. 사랑은 소유가 아니라, 서로를 성장하게 하는 힘이다 113
3. 감정을 억누르는 사람은 자신을 이해하지 못한다 121
4. 가장 가까운 관계에서 인간은 가장 깊이 시험받는다 130

4장 나의 외적인 삶

1. 직업은 인간을 단련하기 위한 것 145
2. 사회적 책임은 나를 드러내는 방식이다 164
3. 자신을 잃으면서까지 성공할 가치는 없다 174
4. 진정한 실력은 상황이 흔들릴 때 드러난다 185

5장 형성되는 인간으로 살아간다는 것

1. Bildung(자기형성) 199
2. 어떤 인간이 되어가고 있는가 212
3. 자유란 스스로를 다스릴 수 있는 능력이다 219
4. 시간은 준비된 인간에게만 의미를 준다 229

맺음말 244
감사의 말 247
참고문헌 251

1장

삶을 대하는 마음가짐

1. 시련을 통해서만 깨닫는 인간

즐김은 사라지고, 과시만 남은 시대

국가의 불행은 사람들이 삶을 즐기려 하지 않고 누구나 지배하려고만 하는 데에 있고, 예술계의 불행은 완성된 작품을 즐기려 하지 않고 누구나 자기의 손으로 새롭게 만들어 내려고만 하는 데 있어.
또한 이미 세상에 나온 작품을 모범으로 삼아 자신의 진로에 박차를 가할 생각은 하지 않고 자기도 똑같은 것을 만들려고만 하지. 사회 전체를 위해 자신의 길을 가는 진지함은 찾아볼 수 없고 전력을 다하려는 배려도 없어. 오직 자신의 이름을 널리 알려 세상을 떠들썩하게 만들려고만 들지. [중략]

> 어디를 가나 자신을 화려하게 보이려고 노력하는 사람은 있지만, 전체의 대의(大義)를 위해 자기 일쯤은 제쳐두는 그런 성실한 노력가는 눈에 띄지 않아.[1]

괴테는 이 문장을 통해 국가와 예술, 사회 전반을 관통하는 하나의 공통된 병을 정확히 짚어낸다. 그 병의 원인은 능력이 부족해서가 아니라, 삶을 대하는 태도가 무너졌다는 데 있다.

사람들은 더 이상 삶을 천천히 음미하고 누리려 하지 않는다. 대신 남보다 앞서고, 이기고, 지배하려는 욕망에 점점 더 많은 힘을 쏟는다.

완성된 것을 차분히 바라보고 감상하는 능력은 점점 사라지고, 자신의 존재를 드러내고 이름을 알리려는 조급함은 커져만 간다.

그 결과 사람들은 어떻게 살아야 하는지를 배우기보다, 어떻게 보일지, 어떻게 평가받을지를 먼저 고민하게 되었다. 삶의 내용보다 외형이, 깊이보다 속도가 기준이 된 것이다.

괴테가 지적하는 이 시대의 문제는 분명하다. 그것은 재능의 부족도, 제도의 낡음도 아니다. 삶의 방향을 잃었다는 점이다. 어디로 가야 하는지, 무엇을 위해 살아야 하는지를 묻지 않은 채, 눈앞에 보이는 성과와 반응만을 좇고 있다는 것이다.

이 문장은 단순한 비판에 머물지 않는다. 오히려 조용한 질문에 가깝다. 우리는 지금 제대로 살아가고 있는가, 아니면 그저 잘 보이기 위해 애쓰고 있는가.

괴테는 이 문장을 통해, 삶을 살아내는 법은 잊은 채 드러내는 법만 익혀 온 시대의 모습을 차분하게 비추고 있다.

이 지점을 나 자신의 삶에 비추어 보면, 나는 과연 외적인 성장보다 내면의 성장을 더 중요하게 여기며 살아왔는지 스스로에게 묻게 된다.

돌아보면 많은 순간, 남들의 시선을 의식하며 겉으로 보이는 모습에 더 많은 에너지를 써 왔음을 부정하기 어렵다.

이러한 태도는 나만의 문제가 아니다. 나를 포함한 많은 사람들은 외적으로 드러나는 성과와 평가에는 민감하면서도, 정작 가정의 안녕이나 자신의 내면을 돌보는 일에는 쉽게 소홀해진다.

어떻게 보이는가에는 관심을 기울이지만, 어떻게 살아가고 있는가에 대해서는 충분히 묻지 않는다.

그러나 내면과 외면이 어긋난 삶은 오래 지속될 수 없다. 진정한 삶이란 말과 행동이 일치하고, 겉으로 보이는 태도와 내면의 기준이 조화를 이루는 상태일 것이다.

특히 가장이라면 더욱 그렇다. 자식들에게는 모범적인 삶을 말로 강조하면서, 정작 자신의 삶에서는 그 기준을 실천하지 않는 가정이 온전히 바로 설 수 없다는 사실을 우리는 누구보다 잘 알고 있다.

이런 점에서 괴테가 말한 국가의 불행은 결코 거창한 정치의 문제만은 아니다. 가장 작은 공동체인 가정 역시 하나의 국가이며, 그 안에서 벌어지는 균열과 방치는 같은 원리로 작동한다. 가정이 바로 서지 않으면 국가도 바로 설 수 없다는 사실을 괴테 또한 분명히 알고 있었을 것이다.

결국 괴테의 통찰은 멀리 있는 사회 비판이 아니라, 각자의 삶과 가정으로 되돌아오는 질문이다. 우리는 과연 무엇을 드러내기 위해 살아가는가, 아니면 무엇을 책임지며 살아가고 있는가. 이 질문 앞에서 삶의 방향은 다시 정해진다.

진짜 재능은 가르치지 않아도 자란다

> 나는 이 말을 아주 흥미 있게 듣다가 물었다. "그런데 어떤 사람에게 조형미술의 참된 재능이 있는가, 없는가 하는 것은 어떻게 분간할 수 있습니까?"
> "참으로 재능이 있는 사람은" 하고 괴테는 말했다. "형상

이나 배치 그리고 색채에 대한 타고난 감각을 구비하고 있고, 조금만 지도를 받으면 이런 모든 것을 아주 빨리 반듯하게 표현한다네.

특히 그런 사람들은 형체에 대한 감각을 구비해서, 그것을 명암에 의해 두드러지게 하려는 충동이 있지. 게다가 또 이것은 연습하고 있지 않는 동안에도 진보하고 내부 성장을 이룩하지. 이런 재능을 분간하는 것은 그다지 어려운 일이 아닐세. 이러한 식별을 가장 잘할 수 있는 것은 역시 대가이겠지만 말이야."[2]

이 장면에서 괴테는 재능을 단순한 노력의 결과나 기술의 숙련으로 보지 않는다. 그가 말하는 재능은 밖에서 덧붙이는 능력이 아니라, 자기 안에서 스스로 자라나는 힘에 가깝다.

억지로 만들어 내는 성취가 아니라, 시간이 지나면서 자연스럽게 앞으로 나아가는 성질이라는 뜻이다.

그래서 그는 말한다. 진짜 재능은 애써 구분하지 않아도 결국 드러난다. 시험 점수나 평가 기준으로 먼저 가려내지 않아도, 삶과 작업 속에서 차츰 모습을 드러낸다는 것이다.

그리고 그 재능을 가장 정확히 알아보는 사람은 아직 출발선에 선 이들이 아니라, 이미 그 길을 오래 걸어 본 사람들이다.

겉으로 보이는 성과나 속도는 사람의 눈을 속일 수 있다. 하지만 스스로 성장하는 힘은 오래 숨길 수 없다.

괴테에게 재능은 당장 증명해야 할 것이 아니라, 시간이 흐르며 스스로를 증명하는 존재다. 중요한 것은 얼마나 빨리 눈에 띄는가가 아니라, 그 힘이 멈추지 않고 계속 자라고 있는가이다.

이 생각은 재능을 평가하는 사람에게도, 재능을 키우려는 사람에게도 같은 기준을 제시한다. 재능은 조급하게 관리하고 재단할 대상이 아니라, 믿고 기다려야 할 성장의 힘이라는 것이다.

이러한 관점에서 보면, 재능을 가진 사람일수록 더욱 조심해야 할 부분이 있다. 때로는 천재라고 불리는 사람들 가운데, 자신의 재능을 지나치게 확신한 나머지 비판이나 조언을 듣지 않으려는 태도를 보이기도 한다. 예술가들 중에는 현재의 고통은 위대한 작품을 위한 숙명이라며 스스로를 극단으로 몰아붙이는 이들도 있다.

그러나 같은 시련을 겪더라도 어떤 사람은 그 안에서 겸손을 배우고, 어떤 사람은 오히려 자만을 키운다. 재능이 있다고 해서 반드시 성숙해지는 것은 아니다. 오히려 재능이 클수록 더 쉽게 착각에 빠질 수도 있다.

겸손과 자신감은 서로 반대되는 것이 아니다. 겸손은 내가 아직 부족하다는 사실을 인정하게 해주고, 자신감은 그래도 나는 더 나아질 수 있다는 가능성을 믿게 해준다. 이 두 가지가 함께 있을 때, 재능은 비로소 건강하게 자란다.

결국 재능을 대하는 태도 역시 조급함이 아니라 시간의 관점에서 바라볼 필요가 있다. 당장의 성과나 자존심에 매달리기보다, 스스로를 더 길게 보고 더 깊게 다듬어 가는 자세가 중요하다. 그렇게 할 때 재능은 일시적인 빛이 아니라, 오래도록 자라나는 힘이 된다.

2. 살아 있다는 것은 끊임없이 다시 시작하는 일이다

큰 목표에 매달리다 현재를 잃지 말 것

"대작(大作)을 쓰지 않도록 조심해야 해"하면서 그는 말을 계속 이어 나갔다. "정말이지 대가의 재능을 가지고 있는 일류의 사람들과 가장 훌륭한 노력을 거듭하고 있는 사람들까지도 대작으로 고생하고 있지. 나도 그것으로 고생했고, 그런 일은 자신에게 좋지 않다는 것을 뼈저리게 느껴야만 했네. —그럴 때는 모든 것이 수포가 되고 말았지! —만약 내가 잘 쓸 수 있는 것만을 썼더라면 100권의 책으로도 모자랐을 거야.

현재는 현재의 권리를 요구하지. 그날그날 시인에게 사상과 감정을 통해 육박해 오는 것은 모두 표현될 것을 요구

> 하는 것이며, 또한 표현되어야 하는 것이지. 그러나 더 큰 작품을 머리에 구상하고 있으면, 다른 것은 아무것도 머리에 떠오르지 않게 되고, 다른 모든 사상은 배격되고 그 사이에 생활 그 자체의 여유까지도 사라져 버리고 만다네.[3]

이 대화는 겉으로 보면 젊은 시인에게 건네는 조언처럼 보인다. 그러나 그 속뜻은 창작에만 국한되지 않고, 삶 전체를 어떻게 살아야 하는가에 대한 이야기다.

괴테가 경계하는 것은 단순히 '큰 작품을 만들고 싶다는 욕심'이 아니다. 그가 문제 삼는 것은 언젠가 올 큰 성취를 기다리며, "조건이 갖춰지면 시작하겠다"는 말로 지금의 삶을 미뤄 두는 태도다.

괴테에게 가장 두려운 것은 실패 그 자체가 아니었다. 오히려 더 경계한 것은 일을 자꾸 뒤로 미루는 태도였다. 아직 준비가 덜 되었다는 이유로, 더 완벽해진 다음에 하겠다는 핑계로 오늘 할 수 있는 일을 넘겨버리는 습관 말이다.

그는 미래의 완성을 기다리느라 현재의 시간을 흘려보내는 태도를 위험하게 보았다. 그렇게 미뤄진 하루는 다시 돌아오지 않고, 흘러가 버린 시간은 작품으로도 삶으로도 되살릴 수 없기 때문이다.

결국 실패는 다시 시도할 수 있지만, 미뤄버린 시간은 되돌릴 수 없다. 그래서 괴테는 완벽한 준비를 기다리기보다, 오늘 가능한 만큼이라도 시작하는 태도를 더 중요하게 여겼다.

이 경고는 시인에게만 해당되지 않는다. 직장인에게는 "언젠가 여유가 생기면 제대로 해보겠다"는 말로 반복되는 오늘의 태만을 향하고, 부모에게는 "조금 더 크면 달라질 거야"라며 지금의 관계를 뒤로 미루는 마음을 겨냥한다.

창업가에게는 "완벽한 타이밍이 오면 시작하겠다"는 자기합리화를, 공부하는 사람이나 인생의 후반을 살아가는 이들에게는 아직 오지 않은 미래에 삶을 맡겨 두는 태도를 돌아보게 한다.

괴테가 말하는 성장은 미래의 조건에서 시작되지 않는다. 지금 서 있는 자리에서, 지금 감당할 수 있는 만큼을 살아내는 태도에서 시작된다. 위대한 작품도, 성숙한 삶도 어느 날 갑자기 완성되지 않는다. 오늘의 서툰 시도와 미완의 하루들이 차곡차곡 쌓여, 시간이 흐른 뒤에야 비로소 하나의 모습이 드러날 뿐이다.

이 대목에서 괴테는 삶을 뒤로 미루지 말고, 아직 완성되지 않았다는 이유로 현재를 보류하지 말며, 지금 이 순간을 살아내는 과정 자체가 삶의 형성임을 조용히 일깨운다.

이렇게 말한 뒤, 자연스럽게 시선은 우리 자신의 삶으로 돌아온다. 나를 포함한 대부분의 사람은 '미루는 습관'을 안고 살아간다. 미루기는 흔히 시간 관리의 문제나 의지 부족으로 설명되지만, 조금 더 들여다보면 그것은 단순한 게으름이 아니다. 미루기는 자기 자신을 속이는 가장 일상적인 방식이다.

우리는 스스로에게 이렇게 말한다.

"지금은 바쁘니까."

"컨디션이 좋지 않아서."

"조금 더 준비되면 하자."

이 말들은 거짓처럼 들리지 않는다. 오히려 충분히 합리적이고, 스스로에게도 설득력 있게 느껴진다. 바로 그 지점에서 미루기는 자기합리화가 된다. 나는 중요한 일을 피하면서도, 무책임한 사람으로 보이지 않기 위해 그럴듯한 이유를 만들어 낸다. 행동은 멈추지만, 자존심은 지키는 방식이다.

그러나 미루기의 진짜 대상은 '일'이 아니다. 우리가 피하는 것은 그 일을 떠올릴 때 함께 올라오는 감정이다. 피로, 불안, 실패에 대한 두려움, 혹은 완벽하지 않을지도 모른다는 부담감. 미루기는 이 불편한 감정과 마주하지 않기 위한 우회로다.

일을 미루는 동안 나는 잠시 불안을 느끼지 않아도 되고, 나 자신을 평가하는 시선에서도 벗어난다. "아직 시작하지 않았으니, 실패한 것도 아니다." 이 문장은 나를 안심시키지만, 동시에 나를 멈춰 세운다.

책임은 상황과 타이밍, 환경으로 옮겨지고, 나는 변화해야 할 지점을 보지 않아도 된다. 미루기는 나를 편안하게 만들지만, 그만큼 나를 정체시킨다.

그 대가는 시간이 지나서야 드러난다. 쌓여가는 할 일, 커지는 압박감, 그리고 반복되는 자기 실망은 결국 자존감을 갉아먹는다. 나는 다시 이렇게 묻는다. "왜 나는 항상 이 모양일까."

그러나 이 질문 속에서도 또 다른 자기기만이 숨어 있다. 나는 나를 비난할 뿐, 정작 내가 무엇을 피하고 있었는지는 묻지 않는다.

미루기를 멈추는 핵심은 의지를 다잡는 데 있지 않다. 중요한 것은 질문의 방향이다.

"왜 아직 시작하지 않았는가?"가 아니라, "이 일을 떠올릴 때 내 안에서 어떤 감정이 올라오는가?"

"내가 피하고 있는 것은 일이 아니라, 어떤 두려움인가?"

이 질문을 던지는 순간, 미루기는 도덕적 결함이 아니라 관찰의 대상이 된다. 감정이 보이기 시작하면 행동은 자동 반응이 아니라 선택이 된다. 일을 쪼개거나 환경을 정리하는 방법도 필요하지만, 그보다 먼저 요구되는 것은 자기기만을 내려놓는 정직함이다.

미루기는 나를 망치기 위해 존재하는 습관이 아니다. 그것은 내가 아직 다루지 못한 감정을 가리고 있는 신호다. 그 신호를 외면하면 나는 계속 바쁘지만 정작 중요한 것은 하지 않는 삶에 머물게 된다. 그러나 그 신호를 알아차리는 순간, 미루기는 변명이 아니라 변화의 출발점이 된다.

3. 성급함은 언제나 인간을 미성숙하게 만든다

재능이 있어도, 연습 없이는 도달할 수 없다

문학이나 그림의 법칙도 이와 마찬가지로 어느 정도까지는 전달할 수 있어. 그러나 훌륭한 시인이나 화가가 되려면 천재가 필요하지. 그러나 천재는 전달할 수 없는 것이야. 근본 현상이 아무리 단순하다고 하더라도 그것을 섭취하여 그 높은 의의를 인식하고 활용하기 위해서는, 다방면에 걸쳐서 통달할 수 있는 생산적인 정신이 없으면 안 되는 것이지. 그리고 이러한 재능은 아주 드문 것이며 천성적으로 월등히 뛰어난 사람만이 가지고 있는 것이야.

그리고 그것만으로도 충분하지 않네. 모든 법칙을 체득하

> 고 천부의 재능을 몸에 갖추고 있는 사람이라고 하더라도, 참된 화가가 되려면 쉬지 않고 연습해야 해.[4]

이 부분에서 괴테가 전하고자 하는 뜻은 비교적 분명하게 드러난다. 진짜 지식은 말로만 설명해서는 온전히 전달될 수 없으며, 직접 경험해 보아야만 비로소 자신의 것이 된다는 점이다.

겉으로 보기에는 그가 『색채론』이 왜 이해하기 어려운지를 설명하는 듯하지만, 실제로는 예술과 과학, 나아가 교육 전반에 대한 자신의 생각까지 함께 밝히고 있다.

괴테에게 진리는 말로 전달되는 대상이 아니다. 그것은 직접 보고, 반복해서 관찰하고, 스스로 생각하는 사람에게만 서서히 모습을 드러낸다. 가르칠 수 있는 것은 방법과 절차까지다.

그 이후의 이해는 누구도 대신해 줄 수 없으며, 각자가 삶 속에서 통과해야 할 몫으로 남는다. 그래서 괴테에게 교육이란 지식을 주입하는 일이 아니라, 생각할 수 있는 정신을 깨우는 일이었다.

이런 관점에서 보면 예술과 과학은 완성된 결과물이 아니라 끝없이 이어지는 과정이다. 『색채론』이 어렵게 느껴지는 이유도 이론이 복잡해서가 아니라, 독자에게 암기를 요구하지 않고 스스로 관찰하며 살아갈 것을 요구하기 때문이다.

아무리 재능이 있고 원리를 이해했더라도, 반복된 연습과 체화가 없다면 깊은 이해에 이를 수 없다. 앎은 한순간에 얻는 깨달음이 아니라, 시간을 거치며 몸에 스며드는 과정이다.

이 장면은 괴테가 왜 평생 이론가로 머물지 않고 관찰자이자 실천가로 살았는지를 잘 보여준다. 그는 진리를 말하는 사람이기보다, 진리에 다가가는 태도를 끝까지 지키려 했던 사람이었다.

이 부분을 읽으면서 나는 자연스럽게 나 자신을 돌아보게 된다. 과연 나는 관찰자이면서 동시에 실천하는 사람으로 살아왔는가.

곰곰이 생각해 보면, 관찰자로 산다는 것은 결국 실천하는 삶을 함께 포함하고 있는 듯하다. 제대로 살피지 않은 채 이루어지는 실천은 쉽게 방향을 잃고, 행동으로 이어지지 않는 관찰은 그저 생각에만 머물기 때문이다.

사전에서 말하는 관찰자는 사물이나 현상, 행동을 주의 깊게 살펴보는 사람이다. 조금 더 풀어 말하면, 어떤 대상에 성급히 개입하지 않고, 판단이나 해석에 앞서 있는 그대로를 바라보려는 위치에 서 있는 사람이다.

여기에 한 가지를 더 보태자면, 진정한 관찰자란 제3자의 시선으로 자신과 세계를 바라볼 수 있는 사람이다. 다시 말해, 가능한 한 객관적인 관점을 유지하려 애쓰는 삶의 태도를 뜻한다.

문제는 대부분의 사람들이 자신은 객관적으로 보고 판단한다고 믿고 있다는 점이다. 그러나 조금만 거리를 두고 보면, 그 판단의 상당 부분은 각자의 경험과 감정에서 나온 주관에 가깝다.

이런 주관적인 시선을 객관이라고 착각한 채 관찰하면, 그 관찰은 쉽게 왜곡되고 만다. 그리고 왜곡된 관찰 위에서 이루어진 실천은, 때로는 돌이킬 수 없는 결과를 낳기도 한다.

그래서 관찰자로 살기 위해서는 끊임없이 자신에게 물어야 한다. 지금 나는 정말로 있는 그대로를 보고 있는가, 아니면 내 경험과 감정을 덧씌워 보고 있는가. 이러한 질문을 일상적으로 던지는 훈련이 쌓여야만, 비로소 관찰은 깊이를 얻는다.

괴테가 평생 지키려 했던 태도 역시 이 지점에 닿아 있다. 그는 단순히 많이 보고 많이 아는 사람이 아니라, 자신의 관찰이 곧 실천으로 이어지도록 스스로를 단련해 온 사람이었다.

이 대목을 통해 나는, 관찰자로 산다는 것이 결국 삶을 더 책임 있게 살아내는 방식이라는 사실을 새삼 깨닫게 된다.

사람은 처벌을 피해 일하고, 보상을 기대하며 성장한다

> "우리 극장의 규칙에는"하고 괴테는 계속했다. "각종 벌칙은 존재하지만, 현저한 공적을 장려하고 보상해 주는 규칙은 단 한 가지도 없네. 이것은 중대한 결함이야.
> 자기에게 과실이 있을 때 일일이 감봉 처분을 받을 것이라고 예상해야 한다면, 자기가 기대 이상의 성과를 올렸을 경우에는 당연히 장려금을 받을 수 있다는 희망을 품을 수도 있어야 하네. 극장의 모든 단원이 기대되고 요구되는 것 이상의 업적을 올림으로써 극장은 번영해 가는 것이니까 말일세."[5]

이 부분에서 괴테가 전하는 생각은, 조직을 실제로 움직이게 하는 힘이 무엇인지에 대한 깨달음이다. 그것은 처벌이 아니라, 정당한 보상이 제대로 이루어지고 있다는 믿음이다.

그는 극장 운영이라는 구체적인 사례를 들고 있지만, 그 이야기 속에는 인간이 무엇에 의해 움직이는지, 조직이 어떻게 활력을 얻는지, 그리고 리더십의 본질이 무엇인지에 대한 깊은 이해가 담겨 있다.

괴테가 보기에 조직은 규칙과 통제로 어느 정도 유지될 수는 있다. 하지만 그런 방식으로는 최소한의 기능만 반복될 뿐, 조직이 스스로 살아 움직이게 되지는 않는다. 사람들은 벌을 피하기 위해 움직일 수는 있지만, 그 이상을 꿈꾸지는 않는다. 기대 이상의 성과는 강요로 나오지 않는다.

반대로, 노력과 성과가 제대로 인정되고 보상된다는 믿음이 있을 때 사람들은 자발적으로 책임을 진다. 그리고 그때 비로소 자신의 한계를 넘어서는 시도를 하게 된다. 그래서 벌만 있는 조직은 결국 멈추고, 보상이 있는 조직만이 계속 움직인다.

처벌은 질서를 유지하지만, 보상은 에너지를 만든다. 괴테는 이 차이를 정확히 알고 있었다.

그는 규칙을 더 촘촘히 만들기보다, 사람들이 "잘하면 달라질 수 있다"는 경험을 실제로 하게 만드는 구조를 택했다. 이는 조직을 통제의 대상으로 보지 않고, 성장의 가능성을 지닌 공동체로 바라보는 시선이었다.

이 대목은 오늘날의 조직과 리더에게도 그대로 적용된다. 성과를 요구하기 전에, 성과가 존중받는 경험이 실제로 존재하는지를 먼저 점검해야 한다. 통제를 강화하기에 앞서, 보상의 기준과 과정이 공정하게 작동하고 있는지를 돌아보라는 뜻이다.

이 장면은 괴테가 단순한 예술가에 머무르지 않았음을 보여준다. 그는 인간을 깊이 이해한 경영자였고, 사람을 몰아붙여 움직이게 하기보다 사람이 스스로 움직이고 싶어지는 조건을 설계하려 했던 인물이었다.

이 통찰은 가정에서도 그대로 적용된다. 가정은 가장 작은 공동체이며, 그 안에서 아버지는 단순한 보호자나 규칙의 집행자가 아니라, 가정의 분위기와 방향을 결정하는 리더다. 가정이 움직이는 힘 역시 명령이나 처벌이 아니라, 존중과 인정이 실제로 작동하고 있다는 신뢰에서 나온다.

많은 아버지는 아이가 잘못했을 때는 분명한 목소리를 내지만, 아이가 잘하고 있을 때는 굳이 말하지 않는 편을 택한다. "해야 할 일을 한 것뿐"이라는 이유에서다.

그러나 아이의 입장에서 보면 이 침묵은 이렇게 받아들여질 수 있다. 잘해도 달라지는 것은 없다는 느낌, 노력은 늘 당연한 것이라는 인식이다.

벌과 지적만 존재하는 가정에서는 아이가 규칙을 지킬 수는 있다. 하지만 그 행동은 자발적 성장이라기보다, 혼나지 않기 위한 최소한의 대응에 가깝다.

반대로, 아버지가 아이의 노력과 책임을 정확히 알아보고 인정해 줄 때, 아이는 스스로 한계를 넘어서 보려는 용기를 얻는다. 성장은 지시로 만들어지지 않고, 신뢰 속에서 자란다.

아버지의 역할은 아이를 몰아붙이는 데 있지 않다. 오히려 아이가 "해 보면 의미가 있다"고 느낄 수 있는 환경을 만드는 데 있다. 결과만 평가하는 것이 아니라, 시도한 과정과 책임을 바라봐 주는 태도, 그것이 아버지가 가정에 제공할 수 있는 가장 큰 자산이다.

아이는 보상을 바라며 움직이기보다, 존중받는 경험을 통해 스스로 움직이기 시작한다.

괴테가 조직에서 강조한 보상의 원리는 아버지의 역할을 이해하는 데에도 유효하다. 통제는 질서를 만들 수는 있지만, 관계를 성장시키지는 못한다. 반면, 일관된 기준과 공정한 인정은 신뢰를 쌓고, 그 신뢰 위에서 아이는 자신을 시험해 본다. 아버지가 흔들리지 않는 기준을 가지고 있을 때, 아이는 안전하게 도전할 수 있다.

이렇게 보면 아버지의 교육은 아이를 바꾸는 기술이 아니라, 아이 스스로 성장하고 싶어지는 조건을 설계하는 일에 가깝다. 괴테의 인간 이해는 오늘의 아버지에게 하나의 기준을 제시한다.

그것은 아이를 통제하려는 아버지가 아니라, 아이가 자발적으로 움직일 수 있는 조건을 만들어 주는 아버지로 살아가고 있는지를 스스로 묻게 한다.

4. 삶은 견뎌내는 것이 아니라, 통과하며 배워야 할 것이다

방황을 반복하지 말고, 이미 검증된 길을 활용하라

그러나 우리 같은 노인들이 하는 말을 누가 들어주겠나? 누구나 자기가 제일 잘 알고 있다고 믿고 있다네. 그래서 많은 사람들이 오랫동안 갈피를 못 잡고 헤매고 있지. 그러나 이젠 방황할 때가 아니야. 방황하는 것은 우리 노인들의 몫이었지.

자네들처럼 젊은 사람들이 또 같은 길을 걸어가게 된다면, 도대체 우리가 찾아 나서서 헤맸던 것이 무슨 도움이 된단 말인가. 그렇다면 우리는 진보할 수 없지 않겠는가! 우리에게는 아직 개척된 길이 없었으니, 우리 노인들은 오류를 범했어도 용서를 받을 수 있겠지.

> 그러나 나중에 이 세상에 태어나는 사람들에게는 그만큼 요구되는 것이 많은 법이니, 두 번 다시 방황하며 찾지 말고 노인들의 충고를 이용하여 곧바로 올바른 길을 걸어가야 하는 것이네.
> 언젠가는 목적지에 도달할 수 있을 거라는 안일한 걸음걸이는 안 되네. 그 한 걸음 한 걸음이 목표인 것이니, 그 한 걸음 한 걸음이 그 자체로서 가치를 갖고 있지 않으면 안 된다네.[6]

이 글은 세대 간의 옳고 그름을 따지려는 이야기가 아니다. 괴테가 말하고 싶은 것도 노인이 더 현명하다는 주장이나, 젊은이가 더 순수하다는 평가가 아니다.

그가 강조하는 것은 한 가지다. 이미 누군가가 겪고 확인한 시행착오를, 굳이 다시 반복할 필요는 없다는 점이다.

그래서 이 글은 젊은 세대를 향한 훈계가 아니다. 오히려 모든 세대에게 건네는 삶의 태도에 대한 조언에 가깝다. 인생에는 직접 겪어야만 알 수 있는 일도 분명히 있다. 하지만 누군가가 값비싼 대가를 치르며 이미 확인한 오류까지 다시 통과할 필요는 없다.

괴테는 다른 사람의 삶을 대신 살아 줄 수 있다고 말하지 않는다. 다만, 이미 누군가가 겪고 남긴 경험의 흔적을 무시하지 말라고 말할 뿐이다.

이렇게 생각해 보면, 조언은 누군가의 권위에서 나오는 말이 아니다. 그것은 오랜 시간 속에서 부딪히고 넘어지며 남겨진 하나의 흔적과도 같다. 그 말을 따를지 말지는 결국 각자의 몫이지만, 이미 누군가가 지나가며 세워 둔 표지판을 애써 외면하는 것은 용기라기보다 스스로 시간을 허비하는 일에 가깝다.

괴테가 경계하는 것도 젊음이 저지르는 실수 그 자체가 아니다. 그는 이미 수없이 반복되어 온 실패를 굳이 다시 겪어야만 한다고 고집하는 태도, 그 불필요한 반복을 더 위험하게 보았던 것이다.

결국 이 글이 말하고자 하는 바는 어렵지 않다. 삶은 누구에게나 단 한 번뿐이지만, 그렇다고 해서 모든 실수를 반드시 스스로 겪어 보아야 하는 것은 아니라는 점이다.

각자에게 허락된 시간은 다르고 한정되어 있기에, 이미 여러 번 확인된 실패를 굳이 반복하지 않고 건너뛰는 선택 역시 충분히 성숙한 판단이 될 수 있다.

이 말은 특히 나와 같이 퇴직하고 제2의 인생을 살아가고 있는 사람들에게 깊은 울림을 준다. 직장에서의 역할과 책임을 내려놓은 뒤, 우리는 다시 한번 선택의 기로에 서게 된다. 무엇을 할 것인가, 어떻게 살아갈 것인가, 그리고 남은 시간을 어디에 쓸 것인가를 스스로 결정해야 하는 시기다.

이 시점에서 괴테의 말은 중요한 기준을 제시한다. 인생을 대신 살아 줄 수는 없지만, 이미 누군가가 겪고 남긴 경험의 흔적까지 굳이 외면할 필요는 없다는 것이다.

제2의 인생은 새로운 도전의 시간이기도 하지만, 동시에 불필요한 시행착오를 줄여야 하는 시기이기도 하다.

퇴직 이후의 삶에서 가장 아쉬운 것은 실패 자체가 아니라, 이미 여러 사람이 겪어 온 실수를 다시 반복하며 시간을 소모하는 일이다. 젊을 때는 돌아갈 시간이 있었지만, 지금은 그렇지 않다.

그래서 인생 후반부의 지혜는 더 많은 경험을 쌓는 데서 나오기보다, 어떤 경험을 굳이 겪지 않아도 되는지를 아는 데서 드러난다.

괴테는 새로운 길을 가지 말라고 말하지 않는다. 다만, 이미 검증된 실패를 '다시 한번쯤은 괜찮겠지'라는 마음으로 통과하지 말라고 조언한다.

이것은 소극적인 태도가 아니라, 시간을 아끼고 삶의 밀도를 높이기 위한 선택이다. 제2의 인생은 속도를 내는 시기가 아니라, 방향을 분명히 하는 시기이기 때문이다.

이런 관점에서 보면, 퇴직 이후의 삶은 무언가를 더 증명해야 하는 시간이 아니다. 오히려 덜 흔들리고, 덜 소모되며, 자신에게 중요한 것에 에너지를 집중하는 삶으로 전환하는 과정이다.

앞서 걸어온 이들의 경험은 그 방향을 비춰 주는 표지판이지, 따라야 할 의무가 아니다. 그러나 그 표지판을 참고하는 것은 삶을 더 단단하게 만드는 선택이 될 수 있다.

괴테의 이 말은 결국 이렇게 들린다. 제2의 인생이란 단순히 새로 출발하는 삶이 아니라, 이전의 시간을 모두 지닌 채 다시 걷기 시작하는 삶이라는 뜻이다. 그것은 아무것도 모른 채 처음부터 시작하는 길이 아니라, 이미 쌓아 온 경험과 배움, 그리고 타인이 겪은 시행착오까지 함께 품고 나아가는 여정이다.

그렇게 할 때 남은 삶은 불필요한 무게를 덜어내면서도, 오히려 더 깊고 단단해질 수 있다는 메시지로 다가온다.

2장

세상의 이해

1. 사람을 단번에 판단하려는 순간, 이해는 멈춘다

거친 겉모습과 섬세한 내면

이에 괴테는 "첫인상은 어딘지 모르게 조금 거칠게 보이는 데가 있지. 때로는 난폭하게 보이기도 하고 말일세. 그러나 겉보기에 그럴 뿐이지, 내면은 아주 다르다네. 첼터만큼 섬세한 감정을 가진 사람도 드물어. 그가 반세기 이상 베를린에서 살았다는 것을 간과해서는 안 되네.

나도 알고는 있지만, 그곳에는 무모한 짓을 하는 사람들이 모여서 살고 있기 때문에, 점잔만 빼다가는 아무 소용이 없다는 것을 뼈저리게 느끼게 된다네. 그래서 이럭저럭 살아 나가려면 조금은 우악스럽고, 때로는 배짱도 두둑해야 하지"라고 말하는 것이었다.[7]

이 장면에서 드러나는 괴테의 시선은 성격 그 자체가 아니라, 그 성격이 만들어질 수밖에 없었던 환경에 향해 있다. 괴테의 관심은 “이 사람은 어떤 성격인가”보다, “그 사람이 왜 그런 성격을 갖게 되었는가”에 더 가깝다.

괴테는 첼터를 그런 눈으로 바라본다. 겉으로 보면 거칠고 난폭해 보이지만, 실제로 그는 매우 섬세한 내면을 지닌 인물이다. 이 겉과 속의 차이는 타고난 기질의 문제가 아니다.

베를린이라는 환경 속에서 살아남기 위해 형성된 태도의 결과다. 다시 말해, 그의 거친 모습은 본성이 아니라 환경에 적응하며 선택한 생존 방식이다.

이 지점에서 괴테는 성급한 판단을 경계한다. 경쟁이 치열하고 긴장과 충돌이 일상인 환경에서는 점잖음과 온화함이 오히려 약점이 되기 쉽다.

그런 세계에서는 배짱과 거친 태도가 자신을 지키는 가장 현실적인 전략이 된다. 겉으로 드러난 태도만 보고 성품을 단정하는 순간, 우리는 사람을 이해하기보다 환경의 결과를 오해하게 된다.

괴테가 이 장면을 통해 던지는 물음은 어렵지 않다. 우리는 누군가를 바라볼 때 "이 사람은 원래 이런 성격이야"라고 쉽게 단정하기 전에, "이 사람은 어떤 과정을 거쳐 이렇게 살아오게 되었을까"를 먼저 묻고 있는가 하는 것이다.

한 사람을 제대로 이해하려면 그의 성격을 재단하기보다, 그 성격이 형성될 수밖에 없었던 환경과 시대, 그리고 삶의 조건을 함께 살펴보아야 한다는 뜻이 담겨 있다.

이러한 통찰은 특정 인물에 대한 해석에 머물지 않고, 오늘날의 관계와 조직, 사회를 이해하는 데에도 그대로 이어진다. 누군가를 바꾸려 하기 전에, 먼저 그 사람이 어떤 환경 속에서 형성되었는지를 바라보라는 뜻이다.

괴테가 이 장면을 통해 조용히 보여주는 것은 바로 이런 인간 이해의 기본 태도다. 사람을 단정하기보다, 그 사람을 둘러싼 조건과 맥락을 함께 살피는 시선이야말로 더 깊은 이해로 가는 출발점임을 그는 말하고 있다.

'성격(性格)'이라는 단어를 들여다보면 그 의미가 조금 더 분명해진다. 한자로 보면 성(性)은 '마음(心)'과 '삶(生)'이 결합된 글자다.

이는 성(性)이 단순한 기질이 아니라, 사람이 타고난 마음의 방향성과 생의 에너지를 함께 담고 있다는 뜻으로 읽을 수 있다. 다시 말해 성은 인간이 본래 지닌 내면의 바탕에 가깝다.

반면 격(格)은 '나무(木)'와 '각각 다르다'는 뜻의 각(各)이 결합된 글자다. 본래는 '바르게 세우다'는 의미에서 출발했지만, 시간이 흐르며 규칙, 뼈대, 기준, 품위 같은 뜻을 함께 품게 되었다. 격은 개인의 내면이 사회 속에서 어떤 형태로 드러나고 기능하는지를 보여 주는 틀에 가깝다.

이 두 글자가 합쳐진 성격은 결국, 사람이 타고난 내면의 성질이 어떤 환경과 관계 속에서 어떤 모습으로 굳어졌는지를 나타내는 개념이라 할 수 있다. 괴테가 말하듯, 성격은 고정된 본성이 아니라 환경과 조건 속에서 형성되고 조정되는 것이다.

따라서 한 사람의 성격을 이해하려면, 그 사람이 어떤 환경에 놓여 있었는지를 함께 살펴보는 것이 중요하다. 경쟁이 치열하고 긴장이 일상인 곳에서 살아온 사람에게서 날카로움이 드러나는 것은 이상한 일이 아니다. 지금처럼 각박한 도시에서 살아가기 위해서는 누구나 일정한 긴장과 방어를 안고 살아갈 수밖에 없다.

괴테가 오늘의 사회를 미리 예견했다고 말할 수는 없겠지만, 그가 살던 시대 역시 정도의 차이만 있을 뿐 결코 평온한 세계는 아니었을 것이다.

그래서 그의 통찰은 지금에도 그대로 유효하다. 환경이 사람을 만들고, 그 환경에 대한 적응이 곧 성격의 형태로 남는다는 사실 말이다.

괴테와의 대화를 따라가다 보면, '미래는 오래된 과거'라는 말이 결코 과장이 아니라는 사실을 자연스럽게 느끼게 된다. 겉으로 보이는 환경과 시대의 모습은 달라져도, 그 속에서 인간의 성격이 형성되는 근본 원리는 크게 변하지 않기 때문이다.

조건은 바뀌어도 인간이 반응하고 배우며 스스로를 만들어 가는 방식에는 일정한 흐름이 이어지고 있다는 점을 그는 조용히 일깨워 준다.

비난은 사라지지 않는다

> 괴테는 자기를 공격하는 사람들에게로 화제를 돌리면서 이런 패거리들은 절대로 근절되지 않는다고 말했다.
> "그들은 하나의 군단(軍團)을 형성하고 있어. 하지만 그들을 분류하는 것이 불가능한 일은 아니야. 첫 번째는 무지에서 오는 공격자들이야. 그들은 나를 이해하지 못하고 또 나에 대한 확실한 식견도 없으면서 나를 비난하고 있지. [중략]
> 두 번째의 패거리들은 나를 질투하는 사람들이야. 나는 나의 능력에 의해 얻은 행복과 명예를 누렸네. 그런데도 그들은 이것을 용인하려고 하지 않아. 그들은 나의 명성을 더럽히고 가능하면 이 세계에서 쫓아내려고 안달이야.

> 만약 내가 불행하고 곤궁했다면 그들은 이런 짓을 중단했을 거야.
> 다음으로 자신이 성공하지 못했기 때문에 공격자로 돌아선 사람들이야. 그중에는 재능이 풍부한 사람도 있지. 그들은 내가 자신들의 광명을 빼앗았다고 생각하여 참을 수 없었던 거야.
> 네 번째로 그럴 만한 이유가 있어서 공격자가 된 사람들이지. 왜냐하면 나도 인간인 이상 결점과 약점이 있기 때문이야. 따라서 내가 쓴 작품에도 그 흔적이 나타나지 않을 수 없어. [중략]
> 또한 많은 사람이 자신과 사고방식이나 견해가 다르다는 이유로 나를 비난했어. 한 그루 나무의 나뭇잎도 모두 똑같지 않다고 말하지 않던가. 마찬가지로 견해와 사고방식이 완전히 일치하는 사람들이란 있을 수 없지. 이렇게 생각해 볼 때 그래도 공격자들보다는 친구들과 지지자들이 많다는 것이 매우 다행스럽네.[8]

괴테는 비난을 완전히 없애는 방법을 말하지 않는다. 대신 그는 비난을 어떻게 구분하고, 그 비난에 휘둘리지 않을 수 있는지를 이야기한다. 그의 생각은 비교적 냉정하다. 공격하는 사람은 언제나 존재한다.

그러나 모든 비난이 같은 의미를 지니는 것은 아니다. 어떤 비난은 작품이나 행동에 대한 것이지만, 어떤 비난은 그 말을 하는 사람의 성향과 상태를 드러낼 뿐이다.

괴테는 비난에 맞서 싸우거나 일일이 해명하려 하지 않았다. 이미 끝난 일이나 완성된 작품에 자신을 붙잡아 두지도 않았다. 누군가가 평가하고 공격할 때, 그는 그 자리에 머물러 설명하기보다 이미 다음 작업, 다음 단계로 나아가고 있었다.

이 태도는 도망이 아니라 시간에 대한 감각의 차이에서 나온다. 비난은 대개 이미 지나간 일을 붙잡고 말한다. 하지만 창작과 성장은 언제나 앞으로 움직인다.

괴테는 남의 평가보다, 자신이 계속 형성되어 가는 흐름을 더 믿었다. 그래서 비난은 그의 귀에 들어왔을지라도, 그의 발걸음을 멈추게 하지는 못했다.

그의 태도를 한 문장으로 정리하면 이렇다.

"그들은 화살을 쐈지만, 나는 이미 그 자리에 머물러 있지 않았다."

괴테가 말하는 성숙함은 비난을 더 큰 힘으로 눌러 이기는 태도가 아니다. 그것은 비난이 나를 붙잡아 두지 못할 만큼 스스로 앞으로 나아갈 줄 아는 능력이다.

공격을 없애기 위해 애쓰기보다, 그 공격이 더 이상 의미를 갖지 못할 정도로 자신을 성장시키는 삶의 속도를 선택하는 일이다. 이러한 태도는 창작자에게만 필요한 덕목이 아니라, 직장과 가정에서 매일을 살아가는 우리 모두에게 요구되는 삶의 기술이기도 하다.

이 생각은 예술가나 창작자에게만 필요한 태도가 아니다. 우리가 매일 마주하는 직장과 가정의 관계 속에서도 충분히 실천할 수 있는 삶의 방식이다.

직장에서 누군가의 비난을 받을 때를 떠올려 보자. 상사의 지적이나 동료의 공격적인 말에 즉각 반응하고 변명하려 들면, 오히려 그 순간에 묶이게 된다. 감정이 앞서면 말은 길어지고, 관계는 더 거칠어진다.

그러나 괴테가 말한 태도는 다르다. 모든 비난을 동일하게 받아들이지 말고, 그것이 개선을 위한 조언인지 단순한 감정의 표출인지를 먼저 구분하는 것이다.

개선에 도움이 되는 비판이라면 차분히 받아들이고 수정하면 된다. 그러나 단순한 공격이라면, 굳이 그 자리에 서서 싸울 필요가 없다. 자신의 일에 집중하고, 다음 단계의 성과로 답하는 것이 더 지혜로운 대응이 된다.

과거의 실수에 매달려 방어하기보다, 더 나은 결과로 이동해 버리는 것이다. 그러면 비난은 자연스럽게 힘을 잃는다.

가정에서도 마찬가지다. 배우자나 자녀의 감정이 격해진 상태에서 오가는 말은 종종 공격처럼 들린다. 그때 곧바로 맞받아치면 갈등은 커진다.

그러나 한 박자 멈추고, 그 말 뒤에 숨은 감정을 보려 하면 상황은 달라진다. 피곤함, 서운함, 인정받고 싶은 마음이 비난의 말로 튀어나왔을 수 있기 때문이다. 그 감정을 읽어내는 순간, 우리는 공격을 정면으로 받지 않아도 된다.

또한 모든 말에 답해야 하는 것도 아니다. 때로는 설명하지 않는 선택, 굳이 이기려 하지 않는 태도가 갈등을 줄인다.

괴테가 말했듯, 비난을 없애는 것이 성숙함이 아니라 비난이 나를 붙잡지 못하게 하는 것이 성숙함이기 때문이다. 직장과 가정에서 비난을 지혜롭게 피하는 방법은 간단하다.

첫째, 모든 비난을 동일하게 받아들이지 않는다.

둘째, 즉각 반응하지 않고 한 박자 멈춘다.

셋째, 필요하다면 말이 아니라 다음 행동으로 답한다.

괴테가 보여 준 삶의 태도는 공격을 정면으로 이기려 애쓰기보다, 그 공격이 더 이상 의미를 갖지 못하는 자리로 스스로를 옮기는 것이었다. 다툼 속에서 힘을 겨루기보다, 한 단계 성장함으로써 논쟁 자체를 작아지게 만드는 선택이다.

이러한 태도는 과거의 한 인물에게만 해당되는 이야기가 아니라, 오늘을 살아가는 우리에게도 여전히 유효한 지혜로 남아 있다.

인간을 단일한 원인으로 설명하려는 오류

> "그건 정말로 우습기 짝이 없네," 하고 괴테는 말했다. "이것은 마치 통통하게 살이 찐 사람을 보고 무엇을 먹고 그렇게 살이 쪘는가? 소인가, 양인가, 돼지인가 하고 묻는 것과도 같은 것이야.
> 우리는 아마 이 세상에 갖가지 소질을 가지고 태어났을 것이야. 그러나 우리가 성장해 가는 것은 이 세상의 수없이 많은 영향에 힘입은 바가 큰 것이지. 우리는 거기에서 각자의 능력에 맞는 것, 우리에게 상응하는 것을 제 것으로 만드는 것이야. [중략]
> 괴테는 계속 말했다. "이 세상은 이제 아주 나이를 먹었어. 수천 년을 거쳐 가는 동안 많은 위대한 인물들이 나타나 사색해 왔지. 그래서 이제는 그렇게 쉽게 새로운 것을 발견하거나 논하거나 할 수 없네."[9]

이 장면이 전하려는 뜻은 비교적 분명하다. 한 사람의 생각과 성장은 단 하나의 근원으로 설명될 수 없으며, 더 중요한 것은 그것이 어디에서 비롯되었는가가 아니라, 그것을 어떻게 받아들이고 자신의 삶 속에서 스스로의 것으로 만들어 왔는가 하는 점이다.

이 짧은 대화 속에는 괴테의 교양에 대한 생각과 창조에 대한 관점, 그리고 자신을 대하는 겸손한 태도가 함께 담겨 있다.

괴테에게 교양은 '출처의 목록'을 많이 늘어놓는 일이 아니었다. 누구에게 배웠는지, 어떤 사조에 속해 있는지가 한 인간의 깊이를 결정하지는 않는다고 그는 보았다.

진짜 위대함은 스스로를 독창적이라고 내세우는 데서 나오지 않는다. 이미 존재하는 생각과 진리를 자기 삶 속에서 다시 살아 움직이게 만드는 태도에서 비롯된다.

그래서 그는 "누구에게서 배웠는가"를 따지기보다, "무엇을 진심으로 받아들이고 삶으로 만들었는가"를 더 중요하게 물었다.

그의 비유는 재치 있다. "무엇을 먹고 그렇게 살이 쪘느냐"는 질문처럼, 한 사람을 특정 스승이나 사상 하나로만 설명하려는 태도는 단순하고 우스워 보일 수 있다는 것이다.

사람은 언제나 여러 경험과 영향이 겹겹이 쌓여 만들어진다. 그 복잡한 과정을 하나의 이름이나 이론으로 정리하려는 순간, 인간에 대한 이해는 얕아진다.

괴테는 우리에게 이렇게 말하는 듯하다. 새로워 보이려 조급해하기보다, 먼저 자기 안에서 진실이 살아 움직이고 있는지를 돌아보라고.

표절을 두려워하는 데에만 머물기보다, 빌려 온 생각을 어떻게 자기 삶의 언어로 바꾸어 냈는지를 점검하라고 말이다. 중요한 것은 완전히 새로운 말을 만들어 내는 일이 아니라, 혼란 속에서도 의미를 길어 올릴 수 있는 힘을 기르는 일이라는 뜻이다.

이러한 태도 덕분에 그는 평생 '겸손한 거인'으로 남을 수 있었고, 그의 사유 또한 시간이 흘러도 여전히 살아 있는 울림을 지니게 되었다.

여기에 한 가지를 더 덧붙일 수 있다.

같은 상황을 보고도, 같은 책을 읽고도, 같은 교훈을 들어도 사람마다 전혀 다른 결과에 이르는 이유가 바로 여기에 있다. 무엇을 보았는가보다, 그것을 어떤 마음과 기준으로 받아들였는가가 더 중요하기 때문이다.

어떤 사람은 하나의 경험을 통해 자신을 돌아보고 생각의 폭을 넓힌다. 그러나 다른 사람은 같은 경험을 하고도 기존의 생각을 더 단단히 굳혀 버리기도 한다.

받아들인 내용은 결국 각자의 사상과 경험, 성격과 가치관을 통과하면서 새롭게 해석된다. 그래서 배움은 언제나 '내용'의 문제가 아니라 '해석'의 문제이기도 하다.

중요한 것은 얼마나 많은 교훈을 들었는지가 아니다. 그 교훈을 자기 삶 속에서 어떻게 받아들이고, 어떻게 자신의 것으로 만들어 냈는가가 더 본질적인 문제다. 같은 말이라도 어떤 사람에게는 삶을 바꾸는 계기가 되지만, 또 어떤 사람에게는 잠시 스쳐 지나가는 정보로 남고 만다.

괴테가 말한 겸손과 교양의 태도는 바로 이 지점에서 빛을 발한다. 남의 생각을 빌리더라도 그것을 자기 삶의 맥락 안에서 다시 숨 쉬게 할 때, 배움은 비로소 살아 있는 힘이 된다.

지식이 단순한 축적을 넘어 삶을 움직이는 에너지가 되는 순간은, 그것이 자신의 경험과 결을 이루며 새롭게 해석될 때이기 때문이다.

올바른 말을 할 수 있는 사람은 늘 소수다

자네도 앞으로 살아가면서 확고한 입장에 자신의 몸을 두고 올바른 것을 말할 수 있는 인간이 실제로는 얼마나 소수에 불과한지 점점 더 잘 알게 될 것이야. 사람들은 모두가 예외 없이 자기들의 마음에 드는 것만을 칭찬하고 또 그런 것만을 만들어 줄 것을 원하고 있지. 일류이고 최고의 사람들까지도 그렇다네. 그런데 하물며 일반 군중의 여론은 어떤 것이었겠는가.
그걸 생각해 보면 이런 세태 속에서 우리가 소외된 채로 얼마나 외롭게 살아야 했는지 짐작할 수 있을 것일세. 나도 조형미술과 자연 연구에 기반을 가지고 있지 않았더라면, 이렇게 나쁜 시대로부터 매일 영향을 받으면서 몸을 지탱해 나갈 수 없었을 것이네.[10]

괴테는 인간 사회의 냉정한 모습을 있는 그대로 바라본다. 사람들은 옳고 그름을 따지기보다, 자신에게 기분 좋은 말과 마음에 드는 입장을 더 쉽게 받아들인다.

이것은 일부 무지한 사람들만의 문제가 아니다. 괴테가 보기에, 이른바 일류라고 불리는 사람들조차 이 유혹에서 자유롭지 않다.

그래서 많은 사람의 지지를 받는 말이 곧 옳은 말이 되는 경우는 드물다. 오히려 크게 환호받는 의견일수록, 그 안에서 불편한 진실이 빠져 있을 가능성이 크다.

인간은 진실 그 자체보다, 그 말이 만들어 주는 감정에 더 빠르게 반응하기 때문이다. 듣기 불편한 말보다는, 마음을 편안하게 해 주는 말을 선택하는 쪽이 훨씬 쉽다.

괴테는 이 사실을 일찍이 알고 있었다. 그래서 그는 올바른 자리에 선다는 것이 곧 외로움을 감수하는 일임을 숨기지 않는다. 진실은 사람을 모으기보다 갈라놓고, 기준을 세우는 순간 관계는 흔들린다. 그럼에도 그는 다수의 흐름을 따르기보다, 스스로 옳다고 판단한 자리에서 물러서지 않는 태도를 선택했다.

이 대목은 괴테의 시선이 현실과 동떨어진 이상주의가 아님을 보여준다. 그는 인간이 왜 쉽게 그릇된 방향으로 쏠리는지, 그리고 왜 진실을 말하는 사람이 언제나 소수가 되는지를 정확히 꿰뚫어 보고 있었다. 그의 통찰은 지금의 사회를 바라보는 데에도 여전히 유효하다.

진실을 말하는 사람은 시대를 막론하고 늘 어느 정도의 외로움과 부담을 함께 짊어질 수밖에 없다. 많은 이들의 기대나 분위기와 어긋나는 순간, 그는 자연스레 홀로 서게 되기 때문이다. 그럼에도 괴테는 바로 그렇기 때문에 더욱 진실하게 살아야 한다고 말한다.

다수의 환호를 얻는 길을 택하기보다, 스스로 옳다고 믿는 자리를 끝까지 지키는 일이 결국 인간을 무너지지 않게 만든다는 것이다.

순간의 박수는 사라지지만, 자신에게 부끄럽지 않은 선택은 오래 남아 삶의 중심을 단단히 붙들어 준다.

이 생각은 현대의 심리학에서도 반복된다. 베이징대학 심리학과 출신의 심리학자 우즈훙은 『내 영혼을 다독이는 관계 심리학』에서 "자기 자신에게 충실한 삶, 자기에게 진실한 삶을 살아야 한다"고 강조한다. 자기에게 진실하지 못한 삶은 결국 연기처럼 이어지기 때문이다.

자기 삶의 주인이 되지 못하면, 우리는 어느새 타인의 기대와 기준에 맞춰 움직이는 역할자가 된다. 자신이 아닌 누군가의 요구에 반응하며 살아가는 삶은 겉으로는 무난해 보일지 모르지만, 속에서는 점점 공허해진다. 그래서 자기에게 진실하게 산다는 것은 용기 이전에, 자신을 속이지 않겠다는 태도에 가깝다.

이를 위해 가장 먼저 필요한 것은 자신을 아는 일이다. 나는 무엇을 진정으로 원하는지, 무엇을 소중히 여기는지, 어떤 부분에 강하고 어디에서 자주 흔들리는지를 스스로에게 묻는 일이다. 이 질문을 피하지 않을 때에만, 우리는 남의 삶이 아니라 자신의 삶을 살기 시작한다.

괴테의 철학을 따라가며 나는 한 가지를 또렷하게 깨닫게 되었다. 진실하게 산다는 것은 거창하게 세상을 바꾸는 데서 시작되지 않는다.

그것은 먼저 자기 자신을 정확히 바라보고, 그 자신에게 정직해지는 데서 출발한다는 사실이다. 세상을 향한 모든 변화의 시도도 결국은 자기 인식과 자기 성찰이라는 단단한 바탕 위에서만 의미를 갖는다는 점을 그는 조용히 일러주고 있다.

2. 자연은 관찰해야 하는 존재

사람을 사랑하는 독서에서, 사유를 기르는 독서로

"그가 말에 올라탄 채로" 하고 괴테는 말했다. "키스하기 위해 치터를 연주하는 아름다운 소녀를 들어 올리려고 하는 부분이 있는데, 그건 정말로 대담한 영국인의 기질이야. 그러나 자네 부인들이 한쪽만을 편드는 것은 좋지 않네. 자네들은 책을 읽을 때면 언제나 거기에서 마음의 영양분을 찾으려고 하고, 사랑할 수 있는 주인공을 찾아내려고 하지! 그러나 그것은 참된 독서법이 아니야. 중요한 것은 어떤 인물이 좋다든지, 이런 성격이 마음에 들었다든지 하는 문제가 아니고, 그 책의 내용이 마음에 들었는지 그렇지 않았는지 하는 것이거든."[11]

괴테가 말하는 '참된 독서'는 우리가 흔히 생각하는 독서와는 출발점부터 다르다. 그는 책을 읽을 때 가장 먼저 "이 인물은 좋은 사람인가, 나쁜 사람인가"를 따지는 태도를 경계한다.

독서의 핵심은 인물에 대한 호감이나 평가가 아니라, 그 책이 독자의 생각 안에 무엇을 남겼는가에 있기 때문이다.

여기서 말하는 '마음'은 단순히 감정이 흔들리는 상태를 뜻하지 않는다. 그것은 생각이 머무는 자리이자, 판단이 형성되는 중심을 가리킨다.

괴테에게 독서는 인물을 좋아하거나 미워하는 감정의 차원이 아니라, 하나의 생각이 독자의 내면을 통과하도록 스스로 허락하는 과정에 가깝다.

책 속 인물은 목표가 아니라 생각에 이르는 매개일 뿐이며, 독자는 감정에 휩쓸려 반응하는 존재가 아니라 사유를 통해 응답하는 존재가 된다. 그렇게 될 때 독서는 단순한 공감이나 흥미를 넘어, 내면의 중심을 단단히 세우는 작업이 된다.

그래서 괴테식 독서에서는 호감과 비호감이 중요한 기준이 되지 않는다. 대신 이런 질문을 던진다. 이 책은 내 생각의 폭을 넓혀 주었는가, 나의 판단을 흔들었는가, 혹은 이전에는 보지 못했던 관점을 열어 주었는가. 독서는 공감할 대상을 찾는 일이 아니라, 자기 생각을 단련하는 만남이라는 뜻이다.

마음이 편안해지는 책도 의미가 있지만, 때로는 나를 불편하게 만들고 익숙한 판단을 뒤흔드는 책이야말로 더 깊은 성장을 이끈다.

괴테가 말한 독서의 태도는 책 읽기에만 머무르지 않는다는 생각이 든다. 그것은 오늘날 우리의 문화 소비 방식에도 그대로 적용된다.

우리는 종종 음악이나 영화의 내용보다, 그것을 만든 가수나 배우의 이미지와 사생활에 더 큰 관심을 기울인다. 작품이 전하는 메시지보다 인물에 대한 호감과 인기가 판단의 기준이 되기도 한다.

그러나 책을 읽을 때 인물의 성격만 따지다 보면 정작 책이 전하려는 생각을 놓치기 쉽듯이, 음악과 영화 역시 겉모습이 아니라 그 안에 담긴 이야기와 의미를 먼저 보아야 한다. 헤어스타일이나 옷차림이 아니라, 그 작품이 무엇을 말하고 있는지를 묻는 태도가 중요하다.

시간을 소중히 여긴다면 독서도, 문화 생활도 단순한 소비로 끝나서는 안 된다. 읽고 보고 듣는 경험 속에서 자기 생각의 폭을 넓히고 삶에 필요한 질문을 길어 올릴 때 비로소 참된 만남이 된다.

괴테가 경계하는 것은 즐거움 그 자체가 아니다. 그는 작품의 본질을 외면한 채 인물을 우상화하고 생각 없이 소비하는 태도를 조심하라고 말한다.

특히 젊은 시절의 시간은 더욱 귀하다. 그 시간을 단순한 흥분과 숭배에 쓰기보다, 삶을 조금 더 깊게 만드는 계기로 삼으라는 것이 그가 전하는 조용한 조언일 것이다.

자연을 이해하려 할 때, 신념보다 관찰이 앞서야 한다

괴테가 말했다. "이 학설에는 반대하지 않으면 안 되겠어. 나는 오히려 자연이 언제나 풍요로우며 오히려 낭비적인 것을 마다하지 않는다고 생각하고 있지. 그러므로 이런 의미에서 자연이 빈약한 단 한 쌍의 부부만을 창조했다고는 생각할 수 없네.

왜냐하면 이 지구가 성숙한 어느 시기에 도달하면 물이 빠지고 건조한 토지가 충분히 녹화되어 버리네. 그때 인간 생성이 시작되는 것이지. 그리고 전능한 신의 힘에 의해 토지가 허용되는 한 도처에서 인간이 발생하네. 그리고 도처에서라고 했지만 아마 처음에는 고지대였을 것이야.

나는 이렇게 해석하는 것이 타당하다고 생각하네. 그러나 인간이 어떻게 해서 발생했는가 하는 것을 꼬치꼬치 캐는 것은 소용없는 일이야. 이 세상에는 풀기 어려운 문제에

열중하여 더 좋은 일을 못 하는 사람들이 있는데, 이런 것은 그런 사람들에게 맡겨 버리면 되는 것이지."[12]

괴테가 이 장면에서 관심을 두는 것은 종교의 기원이 옳은지 그른지, 혹은 세계가 어떻게 시작되었는지를 따지는 논쟁 그 자체가 아니다. 그의 시선은 언제나 결론보다도, 그 논쟁에 매달리는 인간의 태도에 향해 있다.

그가 문제라고 본 태도는 분명하다. 자연을 인간의 도덕이나 교리, 경제적 효율 같은 기준에 맞추어 설명하려는 습관, 이해하기 쉬운 틀 속에 자연을 억지로 끼워 맞추려는 사고방식이다.

더 나아가 쉽게 풀리지 않는 문제에 집착한 나머지, 지금 여기에서 할 수 있는 더 중요한 일들을 놓쳐 버리는 자세를 그는 경계한다.

괴테에게 이런 태도는 자연을 이해하는 길이 아니다. 오히려 인간이 만든 생각의 틀 속에 자연을 가두는 방식이며, 그만큼 자연의 본모습에서 멀어지는 길이라고 그는 보았다.

괴테에게 자연은 계산과 절약의 체계가 아니다. 자연은 언제나 풍요롭고 넘치며, 때로는 인간의 눈에 낭비처럼 보일 정도로 끊임없이 생성한다.

그 생성의 방식은 인간의 도덕이나 합리성에 맞춰 조정되지 않는다. 자연은 설명되기 위해 존재하는 것이 아니라, 그 자체로 작동하기 위해 존재한다는 것이 그의 생각이다.

괴테는 이 지점에서 우리에게 단순하지만 날카로운 질문을 던진다. 우리는 정말 자연을 이해하려 하고 있는가, 아니면 자연을 우리의 생각과 논리에 맞추어 설명하려는 데 더 힘을 쓰고 있는가.

모든 것을 말로 정리하고 결론 내리려 애쓰는 동안, 지금 이 순간 눈앞에서 살아 움직이는 세계를 놓치고 있는 것은 아닌지 그는 묻는다.

이 질문은 자연을 대하는 태도에만 머물지 않는다. 그것은 우리가 삶 전체를 어떻게 바라보고 있는지, 이해하려는 자세로 살고 있는지 아니면 통제하려는 마음으로 살고 있는지를 다시 돌아보게 만든다.

우리는 누구나 사물이나 상황을 자신의 관점에 따라 해석하려는 경향이 있다. 특히 불리한 상황에 놓이거나 설명이 필요한 순간일수록, 타인이나 자연을, 자신을 방어하기 위한 근거로 끌어들이기 쉽다. 그렇게 해석은 이해를 위한 도구가 아니라, 정당화를 위한 수단으로 변한다.

그 결과 같은 상황과 같은 대상이라도, 그것을 바라보는 사람에 따라 전혀 다른 의미를 갖게 된다. 대상은 그대로인데, 해석이 달라지면서 서로 다른 현실이 만들어진다.

이 차이에서 오해가 생기고, 갈등과 반목이 쌓인다. 우리는 대상을 두고 다투는 것처럼 보이지만, 실제로는 각자의 해석을 지키기 위해 맞서고 있는 경우가 많다.

이런 오류에서 벗어나기 위해 필요한 것은 대상을 바꾸는 일이 아니라, 바라보는 시선을 점검하는 일이다. 자신의 감정과 이해관계를 잠시 내려놓고, 사물과 상황을 있는 그대로 보려는 객관적인 관점을 갖는 것이다. 완전한 객관은 어렵더라도, 최소한 자신의 해석이 전부가 아닐 수 있음을 인정하는 태도는 가능하다.

이 대목을 읽으며 나 역시 스스로에게 하나의 다짐을 하게 된다. 자연과 사람, 그리고 삶에서 일어나는 여러 사건들을 내 생각의 틀에 맞추어 판단하기보다, 먼저 있는 그대로 바라보는 연습을 해야겠다고.

이해하기 전에 재단하지 않고, 설명하기 전에 충분히 바라보는 태도를 일상 속에서 이어 가야겠다는 마음이 든다.

괴테가 말한 '이해하려는 태도'는 거창한 이론이 아니라, 이렇게 작은 습관에서 시작되는 것일지도 모른다. 세상을 내 기준에 맞추기보다, 그 자체로 받아들이려는 노력 속에서 우리는 조금 더 깊은 이해에 가까워질 수 있을 것이다.

신화는 미신이 아니라 '인식의 도구'다

> 이 세상의 존재, 생성과 발육, 파괴와 재생의 쉴 새 없는 변화는 어머니들의 끊임없는 영위인 것이다. 그런데 이 지상에서 쉬지 않고 생식에 의해 새로운 생명을 양육해 가는 모든 경우에 여성적인 것이 중요한 역할을 행사하고 있는 것처럼, 저 창조하는 신들은 바로 여성적인 것이라고 생각해도 좋을 것이다. 그리고 그들에게 저 영광스러운 '어머니'의 이름을 붙이는 것도 근거 없는 바는 아닐 것이다.
>
> 물론 이런 모든 것은 단지 시적인 창조에 지나지 않는다. 그러나 우리 유한한 인간은 더 이상 앞으로 나아갈 수 없다. 그러므로 인간은 마음의 평화를 누릴 수 있는 얼마간의 것을 발견하게 되면 그것으로 만족해하면 되는 것이다. 우리는 이 지상에서 갖가지 현상을 목격하고 그 작용을 느끼지만, 그것이 어디에서 와서 어디로 사라지는가에 대해서는 모르고 있다. 우리는 정신적인 원천이 있다는 것, 유일한 신성이 존재한다는 것을 추측은 하지만 이것에 대한

> 각별한 개념이나 표현을 두고 있는 것은 아니다.
> 그러므로 우리의 막연한 예상을 어느 정도까지 구상화하고 명백하게 하기 위해서도 그것을 우리의 수준으로까지 끌어내려 의인화하지 않으면 안 된다.
> 이렇게 하여 모든 신화가 탄생했던 것이다. 그리고 그것은 세기에서 세기를 거쳐 여러 민족 사이에 전해 내려왔다.
> 괴테가 창조한 이 새로운 신화는 적어도 자연의 진리를 어느 정도 지닌 면모를 보여준다. 그리고 아마도 이때까지 창조된 신화 중에서도 최고의 것과 어깨를 나란히 겨눌 수 있는 것임이 틀림없을 것이다.[13]

괴테는 이 글에서 신화를 부정하지 않는다. 오히려 인간에게 왜 신화가 필요했는지를 차분히 설명한다. 우리는 세상의 근원을 이성만으로 완전히 이해할 수 없다.

그렇다고 해서 아무 의미도 찾지 않은 채 살아갈 수도 없다. 이해하기 어려운 세계 앞에서 인간은 불안을 느끼고, 그 불안을 견디기 위해 마음을 붙잡아줄 이야기와 형상을 만들어 왔다. 그 역할을 해 온 것이 바로 신화다.

그래서 신화는 진리를 논리적으로 증명하는 공식이 아니다. 그것은 진리를 '설명'하기보다 '느끼게' 해 주는 언어에 가깝다. 괴테가 말한 것처럼, "이 모든 것은 시적인 창조에 지나지 않는다."

여기서 중요한 표현은 '시적'이라는 말이다. 그는 신화를 단순한 거짓으로 낮추지 않는다. 오히려 인간 인식의 한계를 솔직히 인정하고, 그 한계 안에서 의미를 찾으려는 진지한 노력으로 이해한다.

괴테가 말한 '어머니들' 역시 실제로 존재하는 신적인 존재라기보다, 인간이 이해할 수 없는 근원적인 힘을 상징적으로 표현한 형상이다. 인간은 설명할 수 없는 것을 그대로 두지 못한다. 이야기와 상징 속에 담아야 비로소 생각할 수 있다. 신화는 그렇게 탄생한다.

이렇게 보면 신화는 미신이나 오류가 아니다. 그것은 인간이 세계와 관계를 맺어 온 가장 오래된 방식이다. 이성이 닿지 않는 영역을 상상과 감각으로 이어주는 다리다.

괴테는 신화를 통해 말한다. 진리에 이르는 길은 설명 하나로 끝나지 않는다. 때로는 이야기와 상징이, 우리가 이해하지 못하는 세계를 견디게 해 주는 힘이 된다.

그렇다면 우리는 신화를 어떻게 받아들여야 할까. 괴테의 관점에서 보면, 신화를 문자 그대로 믿을 필요도 없고, 그렇다고 가볍게 무시할 이유도 없다.

신화를 사실로 받아들이는 순간 맹신이 되지만, 단순한 허구로 치부하는 순간 그 안에 담긴 인간의 오래된 통찰을 놓치게 된다. 중요한 것은 신화를 '사실'로 읽는 것이 아니라, '의미'로 읽는 태도다.

어떤 신화 속 인물이 시련을 겪고 성장하는 이야기를 접할 때 우리는 그것을 역사적 사건으로 받아들일 필요는 없다. 대신 그 이야기가 인간의 두려움, 욕망, 실패, 극복이라는 보편적인 경험을 어떻게 표현하고 있는지를 생각해 볼 수 있다. 그러면 신화는 먼 옛날의 전설이 아니라, 지금 내 삶을 비추는 거울이 된다.

가정에서도 마찬가지다. 부모가 아이에게 신화를 들려줄 때, 그것을 교훈으로 강요하기보다 "이 이야기는 무엇을 말하고 있을까?" 하고 함께 묻는 시간이 더 중요하다.

직장에서도 조직의 역사나 창업 이야기는 일종의 신화처럼 기능한다. 그것을 맹목적으로 따르기보다, 그 안에 담긴 가치와 방향을 읽어내는 태도가 필요하다.

신화를 대하는 올바른 태도는 분명하다. 그대로 믿는 데 머무르기보다 그 의미를 돌아보고, 외워 두기보다 스스로 해석하는 일이다.

신화는 현실을 대신 살아 주는 정답이 아니라, 현실을 더 깊이 바라보게 해 주는 하나의 틀에 가깝다.

괴테가 말하듯, 인간은 이성만으로 세계를 온전히 이해할 수 없다. 그래서 우리는 오래전부터 이야기를 통해 자신과 세상을 설명해 왔다.

신화를 삶 속에서 제대로 받아들인다는 것은 그 상징을 빌려 나를 돌아보고, 지금의 선택을 더 넓은 시야에서 바라보는 일이다. 그렇게 볼 때 신화는 과거에 머물러 있는 유물이 아니라, 오늘의 삶을 해석하는 데 여전히 쓸 수 있는 의미 있는 도구가 된다.

3. 부분만 보는 사람은 언제나 전체를 오해한다

특수한 것이 오히려 보편성을 가진다

"그것이 아주 어렵다는 것을 나도 잘 알고 있네" 하고 괴테는 말했다. "그러나 특수한 것을 파악해서 묘사하는 것이야말로 예술 본래의 모습이야. 게다가 일반적인 것에 한한 한 누구나 그것을 모방할 수는 있지만, 특수한 것은 아무도 모방할 수 없어. 왜 그럴까? 그것은 체험 없이는 쓸 수 없는 것이기 때문이라네.

또 특수한 것은 독자의 공감을 얻을 수 없을 것이라고 걱정할 필요는 없어요. 모든 성격은 설사 그것이 아무리 특수한 것일지라도 보편성을 가지고 있고, 모든 묘사될 수 있는 것은 돌멩이에서 인간에 이르기까지 보편성을 가지고 있지. 왜냐하면 만물은 되풀이되고, 단지 한 번만 존재한다는 것은 이 세상에 없기 때문이야. 개성적인 묘사라는 단계에 이르러 비로소 독자적인 문체, 이른바 우리가 말하는 구성이라는 것이 생기는 것이지.[14]

괴테의 생각은 이 장면에서 분명한 방향을 드러낸다. 그는 보편성이 여러 사람의 평균에서 만들어지는 것이 아니라, 한 사람이 끝까지 밀고 간 특수한 경험에서 나온다고 본다.

처음에는 다소 어렵게 느껴질 수 있지만, 이 대목에는 그의 예술관과 인간관이 압축되어 있다.

괴테에게 예술은 모두를 만족시킬 말을 찾는 일이 아니다. 그것은 자신이 살아온 조건 안에서 겪은 경험을 숨김없이 드러내는 일이다. 보편적인 진리를 말하려고 애쓸수록 표현은 추상적으로 흐르기 쉽다.

그러나 자신의 구체적인 체험을 깊이 파고들수록, 그 말은 오히려 더 많은 사람의 마음에 닿는다. 가장 개인적인 이야기가 가장 넓은 공감을 얻는다는 역설이 바로 여기에서 성립한다.

그래서 괴테는 '공감을 얻을 말'을 먼저 고민하지 않는다. 대신 스스로에게 이렇게 묻는다.

"이 말은 내가 실제로 살아낸 것인가."

"이 생각은 내 삶의 저항과 시간을 통과하며 단련된 것인가."

이 태도는 예술에만 국한되지 않는다. 글쓰기에도, 사유에도, 삶의 방식에도 그대로 적용된다. 다른 사람들이 어떻게 받아들일지를 먼저 계산하는 순간, 말은 이미 자신의 삶에서 떨어져 나온다.

반대로 한 사람이 자기 조건 안에서 진실하게 살아낸 것을 말할 때, 그 말은 설명을 덧붙이지 않아도 자연스럽게 타인의 삶 속으로 스며든다.

괴테가 우리에게 조용히 건네는 요청은 단순하다. 처음부터 보편적인 말을 하려고 애쓰지 말고, 자신의 삶을 끝까지 살아내라는 것이다. 이 말에는 그가 평생 지켜 온 원칙, 곧 '체험으로서의 사유'가 또렷하게 담겨 있다.

생각은 실제로 살아낸 만큼만 깊어지고, 말은 스스로 통과한 시간만큼만 힘을 얻는다. 그래서 그에게 진정한 사유란 책상 위에서 만들어지는 이론이 아니라, 삶을 지나온 흔적 위에서 비로소 완성되는 것이다.

겉으로 보면 이는 "보편적인 이야기 대신 개인적인 이야기를 쓰라"는 조언처럼 들릴 수 있다. 그러나 그의 뜻은 그보다 훨씬 깊다.

처음부터 많은 사람에게 통할 말을 만들려 하기보다, 자신이 실제로 겪고 끝까지 밀고 간 경험을 정직하게 드러내라는 의미다.

그렇게 삶 속에서 길어 올린 이야기는 의도하지 않아도 결국 더 넓은 공감으로 이어진다. 가장 진실한 체험이 가장 멀리 닿는 힘을 지니기 때문이다.

결국 괴테가 말하는 보편적인 삶이란, 가장 개인적인 삶과 다르지 않다. 다른 사람의 시선이나 평가를 먼저 의식하며 사는 삶이 아니라, 자신이 무엇을 소중하게 여기고 어떤 방식으로 살고 싶은지를 스스로에게 묻고 그에 따라 살아가는 삶이다.

자신의 삶을 진실하게 살아낸다는 것은 남들과 다르게 살겠다는 선언이 아니라, 타인의 기준에 자신을 맞추느라 삶을 흐리지 않겠다는 선택에 가깝다.

그렇게 살아낸 개인의 삶은 겉으로 보기에는 지극히 사적인 이야기처럼 보이지만, 오히려 많은 사람의 마음에 닿는 힘을 갖게 된다.

괴테는 바로 이 지점을 말하고 있다. 가장 나답게 살아낸 삶이 결국 가장 많은 사람에게 공감되는 삶이 된다는 것, 그리고 보편성은 남을 의식할 때가 아니라 자기 삶에 정직할 때 비로소 생겨난다는 사실을 말이다.

모든 것을 보려 하지 말 것

> 나는 괴테가 이 여행에서 이 세상의 모든 삼라만상에 관심을 가지고, 이것을 파악하려고 한 것이 아주 즐거웠다고 말했다. 그 여행기에서 그는 산맥의 형태나 위치, 그것을 형성하고 있는 암석의 종류, 토양, 하천, 구름, 공기, 바람과 기상, 이어 도시의 발전 과정, 건축, 그림, 극장, 도시의 설비와 관리, 산업, 경제, 도로 계획, 인종, 생활 양식, 그 특수성, 여기에 더하여 정치, 군사 문제와 기타 온갖 것을 언급하고 있었다.
>
> "그렇지만 음악은 한마디도 언급하지 않았어." 하고 괴테는 대답했다. "그것은 나의 영역이 아니기 때문이야. 누구나 여행을 갈 때는 무엇을 볼 것인가, 무엇이 자기에게 중요한가를 알고 있어야 하는 것일세."[15]

괴테는 이 짧은 한마디를 통해 여행과 학문, 사유와 삶 전반에 적용되는 중요한 태도를 보여준다.

"음악은 한마디도 언급하지 않았어. 그것은 나의 영역이 아니기 때문이야."

이 말은 겉으로 보면 겸손한 태도처럼 들릴 수 있다. 하지만 괴테가 전하려는 뜻은 단순한 겸손을 넘어선다.

여기에는 자신이 깊이 경험하지 않은 영역에 대해서는 쉽게 말하지 않겠다는 분명한 기준이 담겨 있다. 그는 모르는 것을 숨기지 않았고, 대신 말하지 않음으로써 생각의 밀도를 지키는 선택을 했다.

괴테에게 지식이란 많이 아는 것이 아니라, 어디까지가 자신의 책임 있는 영역인지를 정확히 아는 것이었다. 모든 주제에 대해 의견을 내놓으려는 태도는 폭넓음이 아니라 산만함으로 흐르기 쉽다.

또 무엇이든 아는 체하려는 습관은 통찰보다는 자기 과시에 가까워진다. 그래서 괴테는 자신이 충분히 통달하지 않은 분야라면, 차라리 침묵하는 쪽을 택했다.

이 태도는 학문과 예술에만 국한되지 않는다. 삶의 태도에도 그대로 적용된다. 말하지 않으면 뒤처질 것 같고, 침묵하면 무능해 보일 것 같다는 불안은 생각을 얕게 만든다. 반대로 자신이 실제로 겪고, 고민하고, 책임질 수 있는 자리에서만 말할 때 그 말은 가볍지 않다.

괴테의 이 한 문장은 우리에게 조용히 질문을 던진다.

"지금 내가 하고 있는 말은 정말 내가 살아내고 통달한 영역에서 나온 것인가. 아니면 단지 알고 있어 보이기 위해 덧붙인 말은 아닌가."

그래서 이 대목은 겸손에 대한 이야기가 아니라, 사유의 경계를 스스로 정하는 법에 대한 가르침이다.

괴테는 세상의 모든 것을 설명하려 들지 않았다. 대신 자신이 실제로 걸어온 길, 끝까지 경험한 것에 대해서만 말했다. 그만큼 그는 집중했고, 동시에 절제했다. 그래서 그의 말은 많지 않았지만, 오히려 오래 살아남을 수 있었다.

그가 보여 준 교양은 말을 잘하는 기술이 아니라, 말하지 않아야 할 것을 아는 힘에 가깝다. 어디까지 말하고 어디서 멈추어야 하는지를 아는 절제가 그의 사유를 더 깊게 만들었고, 그의 말에 자연스러운 무게를 더해 주었다.

다방면의 통찰, 한 가지의 숙명

> "인간의 다방면에 걸친 능력"하고 괴테는 말을 계속했다. "동시에 성장시키려고 하는 것은 바람직스러운 일이며, 또 그것이 최고의 목적이라고 말하는 것도 지당한 일일세. 그러나 인간은 그렇게 태어나지는 못했어. 사람은 누구나 각자가 독자적인 인간존재를 만들어가지 않으면 안 되는 거야. 그러나 한편으로는 전 인류를 포괄하는 개념에 도달하도록 노력해야 하지."

나는 이때 이와 똑같은 뜻이 <빌헬름 마이스터>에 있다는 것을 생각해 냈다. 모든 인간이 서로 한군데 모여 인류를 만들어 내는 것이다. 그러므로 우리가 남을 존중하여 비로소 남으로부터 우리 자신에 대한 존중을 받는다고 쓰여 있다. [중략]

그러나 여기에서 문제되는 것은 인간 각자가 어떤 직업을 택할 것인가 하는 것이다. 한계를 넘어서도 안 되지만 그렇다고 너무 하찮은 일을 해서도 안 되는 것이다.

많은 전문 분야를 개관하고 판단하고 지도하는 것을 본분으로 하는 사람은 또한 가능한 한 그런 전문 분야들에 통달할 수 있게 유념해야 하는 것이다. 그러므로 군주이든, 장차 정치가가 되려는 사람이든 간에 아무리 다방면의 교양을 몸에 갖추어도 지나친 일이 아니다. 왜냐하면 다양한 능력을 갖추어야 하는 것이 그의 직업이기 때문이다.

이와 마찬가지로 시인도 다방면의 지식을 갖추도록 노력하여야 한다. 왜냐하면 세계 전체가 그의 소재이기 때문에, 그것을 어떻게 취급하고 어떻게 표현해야 할 것인가를 이해하지 않으면 안 되기 때문이다. [중략]

그러므로 괴테는 통찰을 다방면으로 얻으려고 노력은 했지만 실제적인 활동면에서는 오직 한 가지 일에만 자신을 한정시켰다. 그는 한 가지 기술에만 몰두하였고, 그러면서도 대가의 경지에 이르게 될 때까지 갈고 닦았다. 다시 말해 그 기술은 독일어로 글을 쓰는 것이다. 그가 표현한 소재가 다방면에 걸쳐 있다는 것은 이것하고는 별개의 문제인 것이다. 마찬가지로 수업과 실제적인 활동의 경계도 확실하게 구별되어야 한다.[16]

괴테가 이 대화에서 강조하는 것은 능력이 많고 적음의 문제가 아니다. 그가 묻는 것은 이것이다. 넓게 보는 힘과 한 길을 걷는 실천을 어떻게 구분할 것인가 하는 점이다.

사람은 세상을 폭넓게 이해할 필요가 있다. 다양한 책을 읽고, 여러 분야를 접하고, 서로 다른 관점을 경험하는 일은 분명 중요하다.

그러나 그 모든 것을 한꺼번에 실천하려 들면 삶은 오히려 흩어지기 쉽다. 방향이 많아질수록 중심은 약해진다.

괴테에게 교양은 세상을 넓게 바라보는 능력이다. 많이 보고, 많이 생각하며, 여러 관점을 통과해 보는 힘이다. 반면 직업은 다르다. 수많은 길 가운데 하나를 선택해 그 길을 끝까지 책임지는 실천의 영역이다.

교양과 직업을 구분하지 못하면, 사람은 배우기만 하다가 실행하지 못하거나, 여러 일을 조금씩 건드리다 아무것도 깊이 있게 완성하지 못하게 된다.

그래서 괴테가 말하는 '대가'는 모든 것을 잘하는 사람이 아니다. 폭넓게 이해하되, 그중 한 가지를 끝까지 밀고 나간 사람이다. 넓은 통찰은 출발점이 될 수 있지만, 완성은 언제나 집중에서 나온다. 세상을 폭넓게 이해하되, 실제로 몸을 담글 자리는 하나로 정해야 한다는 뜻이다.

이렇게 보면, 넓게 보는 능력은 가능성을 열어 주지만 삶을 완성시키지는 않는다. 인간은 이해를 통해 준비되고, 한 가지에 자신을 묶을 때 비로소 형성된다. 괴테의 말은 재능이 많은 것을 부정하는 것이 아니라, 방향 없이 흩어지는 태도를 경계하라는 조언에 가깝다.

결국 그의 메시지는 단순하다. 많이 아는 사람이 되기보다, 하나를 끝까지 책임질 줄 아는 사람이 되라는 것이다.

교양은 시야를 넓히는 힘이고, 직업은 그 넓어진 시야 속에서 한 자리를 선택해 삶으로 증명하는 일이라는 뜻이다.

개체의 성장 원리

> 식물은 줄기의 마디에서 마디로 성장하여 드디어 꽃을 피우고 열매를 맺고 끝을 맞이하지. 동물 세계도 이와 다를 바 없어. 애벌레나 촌충도 줄기의 마디에서 마디로 성장

하여 마지막으로 머리가 형성되지. 고등동물이나 인간도 척추뼈가 점차로 접합하여 마지막으로 머리가 생기고 거기에 힘이 집중된다네.

이렇게 개체에 일어나는 현상은 큰 집단에서도 볼 수 있어. 개개의 집합체인 꿀벌들을 보아도 서로 결합하여 전체를 산출하게 되는데, 이 최종적인 것은 또 이 전체의 우두머리로 간주하는 꿀벌의 여왕을 탄생시키게 되지. 어떻게 해서 이런 일이 일어나는 것인지는 불가사의하고 말로 표현하기 어려워. 그러나 여기에 내 나름의 생각을 하고 있기는 하네.

이와 마찬가지로 하나의 민족은 그들의 영웅을 만들어 내지. 이 영웅은 말하자면 마치 그들의 신처럼 선두에 서서 그 민족을 수호하고 그들이 안정을 누리도록 하는 거라네.[17]

어느 조직이든, 어느 공동체든 시간이 흐르면 자연스럽게 중심 역할을 하는 사람이 생긴다. 가정에서도 말이 많든 적든, 결정에 영향을 주고 분위기를 이끄는 사람이 있다. 사회 역시 한 시대를 상징하는 인물을 만들어 낸다.

그러나 눈에 잘 보인다고 해서 그 사람이 혼자 모든 것을 이룬 것은 아니다. 한 사람이 중심에 설 수 있었던 데에는 언제나 보이지 않는 관계와 환경이 함께 작용한다. 가족의 지지, 동료의 협력, 그리고 그 시대가 요구한 역할이 서로 맞물리며 한 사람을 앞으로 이끈다.

그래서 중심에 선 인물은 스스로 떠오른 존재라기보다, 여러 관계 속에서 세워진 결과에 가깝다. 개인의 노력은 분명 중요하지만, 그 노력이 빛을 발할 수 있도록 떠받쳐 준 배경 또한 함께 보아야 한다는 뜻이다.

이 원리는 가정에서도 그대로 적용된다. 아버지가 집안의 중심처럼 보일 수 있다. 그러나 그 자리는 혼자 힘으로 만들어지지 않는다. 배우자의 신뢰, 자녀들의 존중, 가족이 함께 쌓아온 시간과 분위기가 모여 가장의 자리가 형성된다.

아버지가 흔들리면 가정 전체가 흔들리는 이유도 여기에 있다. 반대로 아버지가 묵묵히 자리를 지킬 수 있는 힘 역시 가족과의 관계 속에서 길러진 것이다.

그래서 중심에 선다는 것은 혼자 빛난다는 뜻이 아니다. 더 많은 책임을 감당해야 한다는 뜻에 가깝다. 사회의 지도자든, 가정의 가장이든, 그 자리는 공동체가 함께 만든 자리다.

한마디로 말하면, 중심인물은 혼자 만들어지는 존재가 아니라 관계가 만들어 낸 결과다. 그리고 그 자리에 선 사람은 더 큰 책임을 지는 사람이다.

이 생각은 조직의 리더십에도 그대로 적용된다. 리더는 혼자 만들어지지 않는다. 구성원들의 신뢰와 지지, 보이지 않는 협력과 배려가 함께할 때 비로소 리더의 자리는 의미가 있다.

그런 토대가 없다면 그 자리는 겉모습만 남은 껍데기에 지나지 않는다. 직함은 위에서 부여할 수 있지만, 영향력은 그렇게 주어지지 않는다.

위에서 임명되어 내려오는 리더도 있을 수 있다. 그러나 구성원들이 마음으로 받아들이지 않으면 그는 이름뿐인 리더에 머문다.

지위는 가질 수 있어도 사람을 움직이는 힘은 얻지 못한다. 결국 리더십은 자리에서 생기는 것이 아니라, 관계 속에서 형성되는 것이다.

조직이 제대로 성장하려면 리더는 위에서 내려오는 존재가 아니라, 아래에서부터 떠받쳐지는 존재여야 한다. 구성원들의 신뢰 속에서 세워진 리더만이 조직을 한 방향으로 이끌 수 있다. 그리고 그런 리더일수록 자신이 혼자 올라온 자리가 아니라는 사실을 잊지 않는다.

그래서 진짜 리더의 태도는 결국 겸손으로 이어진다. 자신이 앞에 서 있다고 해도, 그 자리가 구성원들의 신뢰와 지지 위에 세워져 있다는 사실을 알기 때문이다.

리더십은 명령하는 힘이 아니라 책임을 먼저 짊어지는 자세이며, 권한을 누리는 자리가 아니라 부담을 감당하는 자리다.

조직을 이끄는 사람일수록 더 낮은 자리에서 조직을 떠받칠 줄 알아야 한다. 앞에서 방향을 제시하되, 뒤에서는 구성원들이 흔들리지 않도록 받쳐 주는 사람, 그럴 때 비로소 리더라는 이름이 무게를 갖는다.

4. 사실을 바라보는 태도

주관의 시대는 퇴보하고, 객관의 시대는 전진한다

시인도 이와 마찬가지야. 오직 주관적인 감정을 표현하고 있는 동안은 시인이라고 할 수 없네. 외부 세계를 내 것으로 만들고 표현할 수 있을 때야 비로소 시인인 것이야. 그렇게 되면 그는 무진장하고 언제나 새로울 수 있네. 이와는 반대로 주관적인 성격의 사람은 그 얼마 안 되는 내면을 곧 토로해 버려 결국 틀에 박혀서 자멸해 버리고 말지.

[중략]

"자네에게 말할 것이 있어. 그리고 자네는 그것에 관해 이제부터의 생애에서 여러 가지로 마음에 짚이는 데가 있을 것이야. 퇴보하고 해체하는 과정에 있는 시대는 모두 언제나 주관적인 것일세. 이와는 반대로 전진하고 있는 모든 시대에는 객관적인 경향이 있어. 우리가 살고 있는 현대는 어떤 방면에서도 후퇴하고 있지. 왜냐하면 주관적이기 때문이야. 이 사실은 오로지 문학에만 한정된 것은 아니네. 그림과 이 이외의 많은 다른 분야에 걸쳐서 이런 현상을 볼 수 있어. 이와는 반대로 모든 훌륭한 노력이란 것은 내면으로부터 외부 세계로 방향을 취하고 있네. 자네도 보아서 알겠지만, 진실로 노력과 전진을 목표로 하는 모든 위대한 시대는 객관적인 성질을 띠고 있어."[18]

예술은 분명 자기표현에서 출발한다. 그러나 그 지점에만 머무르면 더 이상 앞으로 나아가기 어렵다. 성숙은 내면을 끝없이 파고드는 데서 완성되는 것이 아니라, 시선이 '나'에서 '세계'로 옮겨 갈 때 비로소 시작된다.

이 원리는 예술에만 해당되지 않는다. 한 개인의 성장도, 예술의 발전도, 문명의 흐름도 비슷한 길을 따른다. 자신의 감정과 생각에만 갇혀 있을 때 성장은 멈춘다.

그 순간부터는 발전이 아니라 서서히 쇠퇴가 시작된다. 결국 넓은 세계와 연결될 때만 새로운 단계로 나아갈 수 있다.

'나의 감정', '나의 경험', '나의 이야기'를 말하는 데서 멈출 때 예술은 쉽게 자기 반복에 빠진다. 처음에는 솔직하고 신선해 보이지만, 시간이 지날수록 새로운 것이 사라진다.

반대로 세계를 바라보고, 타인의 삶과 시대의 구조까지 함께 품을 때 예술은 개인을 넘어서는 힘을 갖게 된다. 괴테가 말하는 성숙이란 감정이 얼마나 강렬한가의 문제가 아니라, 관심의 범위가 얼마나 넓어졌는가에 달려 있다.

그래서 괴테는 예술을 단순한 고백의 기술로 보지 않았다. 예술은 나를 드러내기 위한 수단이 아니라, 세계를 이해하고 그 세계에 응답하는 방식이다.

개인의 목소리가 자기 안에만 머무르지 않고 세계를 향해 열릴 때, 작품은 시대와 대화를 시작한다. 그 순간 예술은 개인의 기록을 넘어 문명의 일부가 된다.

이 생각은 예술에만 해당되지 않는다. 삶 역시 마찬가지다. 언제까지 자기 이야기만 반복할 것인가, 그리고 언제부터 세계를 향해 시선을 넓힐 것인가. 괴테는 바로 이 전환의 지점에서 성숙과 정체가 갈린다고 말하고 있다.

괴테가 말한 시선의 전환, 곧 '나'에서 '세계'로 옮겨 가는 성숙의 기준은 삶 전체에 적용되는 태도다. 예술가에게 요구되는 이 전환은, 동시에 한 인간이 사회 속에서 역할을 맡고 책임을 감당해 가는 방식이기도 하다. 특히 아버지로 살아가는 삶에서는 이 기준이 더욱 분명하게 드러난다.

아버지의 성숙은 자신의 마음을 더 깊이 들여다보는 데서 완성되지 않는다. 그것은 시선이 '나의 수고'에서 '가족의 세계'로 옮겨 가는 순간부터 시작된다.

아이의 성장, 배우자의 변화, 가정이라는 작은 공동체가 어떤 구조 속에서 움직이고 있는지를 함께 바라볼 수 있을 때, 아버지는 비로소 한 사람의 가장으로 자리를 잡는다.

아버지가 자신의 고단함과 노력만을 이야기하는 데서 멈추면, 가정은 자연스럽게 아버지의 감정을 중심으로 돌아가게 된다. 그러나 시선을 넓혀 가족 한 사람 한 사람의 삶을 바라보기 시작하는 순간, 아버지의 역할은 달라진다.

그때 아버지는 감정을 토로하는 존재가 아니라, 가족의 방향을 조율하는 기준점이 된다. 괴테가 말한 성숙이란 바로 이런 전환을 뜻한다. 감정의 강도가 아니라, 책임지는 시야의 넓이다.

아버지의 역할은 자기표현에 있지 않다. 아버지의 말과 태도는 자신을 드러내기 위한 것이 아니라, 가족이 살아갈 세계를 이해하고 그 안에서 균형을 잡아 주는 방식이어야 한다.

아버지가 자기 안에만 머물 때 가정은 불안정해지고, 아버지가 세계를 향해 시선을 열 때 가정은 하나의 질서를 갖게 된다.

아버지의 성숙도 하나의 선택에서 시작된다. 자신의 경험과 생각만을 반복하며 머물 것인가, 아니면 시선을 넓혀 가족 전체의 삶을 함께 바라보기 시작할 것인가 하는 선택이다.

괴테의 말처럼, 바로 그 지점에서 한 가장의 삶은 정체를 벗어나 성숙으로 나아간다. '나'의 이야기를 중심에 두던 자리에서 '우리'의 삶을 책임지는 자리로 옮겨 갈 때, 비로소 아버지라는 이름도 깊이를 갖게 된다.

사물에 흔들리지 않는 인간

> 실러는 여기서도 언제나처럼 저 숭고한 인간 됨됨이를 완전하게 나타내 주고 있네. 그는 남과 함께 차를 마실 때도 마치 국정을 다루는 곳에 앉아 있는 것처럼 정말로 당당했어. 아무것에도 구애받지 않았고, 아무것에도 속박받지 않았지. 아무것도 그의 사상이 비상하는 것을 저하하지 못했네.
> 그의 가슴속에 살아 움직이고 있는 위대한 견식은 아무런 거리낌 없이 언제나 자유롭게 흘러나왔지. 그야말로 그는 참다운 인간이었어. 인간은 모름지기 모두 그와 같아야 하네!

그렇건만 우리 다른 사람들은 왜 그런지 언제나 구애감을 느끼고 우리 주위에 있는 인물들과 사물의 영향을 받고 있지. 차를 마실 때 보통 은수저가 따라 나오는데 뜻밖에 금수저가 따라 나오면 그 수저 때문에 마음이 흔들리게 되네.

이런 식으로 오만 가지 일에 신경을 쓰다 보면 마음도 마비되어 버려 우리 천성이 갖고 있는 위대한 것을 자유롭게 발휘하지 못하게 되지. 우리는 외부 세계 사물의 노예일세. 그리고 사물이 우리를 위축시키거나 자유롭게 팽창할 수 있게 해 주는 것에 따라, 우리는 보잘것없는 인간으로 보이기도 하고 훌륭한 사람으로 보이기도 하지.[19]

괴테가 프리드리히 실러를 높이 평가한 이유는 그의 재능이나 명성 때문만은 아니었다. 괴테가 진심으로 감탄한 것은 실러가 보여 준 태도의 일관성이었다.

차를 마시는 사적인 자리에서도, 국정을 논하는 공식적인 자리에서도 그는 조금도 달라지지 않았다. 상황에 따라 자신을 과하게 낮추거나 태도를 바꾸지 않았고, 늘 같은 자세로 자신의 생각을 유지했다.

중요한 점은 실러가 장소나 분위기에 흔들리지 않았다는 사실이다. 공간의 격식이나 주변의 시선, 만나는 사람의 지위가 그의 사유의 깊이나 태도를 바꾸지 못했다.

어디에 있든, 누구와 함께하든 그는 같은 집중과 진지함으로 자신을 지켜 냈다. 그런 일관성이야말로 괴테가 높이 본 진짜 품격이었을 것이다.

괴테가 말한 '숭고한 인간의 됨됨이'는 바로 이런 태도를 가리킨다. 숭고함은 특별한 순간에만 드러나는 감정의 고조가 아니다.

그것은 어떤 환경 속에서도 흔들리지 않는 내적 기준에서 비롯된다. 상황이 사람을 규정하는 것이 아니라, 사람이 그 상황을 어떻게 통과하느냐가 그 사람의 높이를 결정한다는 뜻이다.

이 대목에서 그는 재능의 크기보다 더 중요한 요소가 무엇인지 분명히 보여준다. 진정한 교양과 품격은 화려한 무대 위에서가 아니라, 아무도 주목하지 않는 자리에서도 변하지 않는 태도에서 드러난다. 그것이 실러에게서 발견한, 인간으로서의 진짜 위대함이었을 것이다.

성장은 결코 무너지지 않는 상태를 유지하는 능력이 아니다. 오히려 무너졌을 때 다시 자기 자리로 돌아올 수 있는 힘에 가깝다. 그래서 성장은 곧게 뻗은 직선이 아니라, 흔들렸다가 다시 중심으로 복귀하는 곡선에 더 가깝다.

이 곡선을 끝까지 통과하지 못하게 만드는 가장 큰 이유는, 무너진 순간 스스로를 다시 세울 내적 기반이 아직 충분히 형성되지 않았기 때문이다. 외부의 평가나 환경에 의지해 버텨온 사람일수록, 그것이 사라지는 순간 함께 흔들리기 쉽다.

괴테가 말한 '내적 기준'이나 '내적 중심'은 바로 이런 내적 기반을 뜻한다. 상황이 바뀌고 장소가 달라지며, 타인의 시선이 흔들려도 다시 돌아올 수 있는 자기 안의 기준점이다. 그 기준이 있는 사람만이 일시적인 실패나 동요 속에서도 자신을 잃지 않는다.

결국 그가 강조하는 숭고함과 개인의 성장은 재능이나 외적인 성취에서 비롯되지 않는다. 그것은 자기 안에 단단한 기반을 세운 사람에게서 가능하다. 중심을 가진 사람만이 무너짐을 지나 다시 자신으로 돌아올 수 있고, 그 과정을 통해 한층 더 깊어진다.

형식만 즐기는 감수성의 자기모순

> 나는 자네들이 말하는 것을 이해할 수 없어. 어떻게 주제와 음악을 떼어놓고 각각 별도로 즐길 수 있다는 말인가? 자네들은 주제는 좋지 않다고 무시하면서 음악만은 훌륭

> 하다고, 그걸 따로 떼서 즐길 수 있다고 말하고 있네. 그런 자네들의 생리구조는 도대체 어떻게 되어 있을까 정말 궁금할 뿐이야.
> 4한편으로는 사물을 강하게 감수하는 눈이 재미도 없는 대상물에 괴로워하고 있는데, 어떻게 다른 한편으로 기분 좋은 음악을 듣고 황홀해할 수 있다는 말인가. 사실 자네들이 논의하고 있는 이 <모세>는 난센스야. 거기에는 자네들도 이론이 없을 것이야. 막이 오르면 곧 모두가 서서 기도를 드리고 있지!
> '그대, 기도를 드리려면 작은 방으로 가서 문을 닫아라.'는 말이 있지 않던가. 그런데 극장에서 기도를 드린다니 그런 것은 금물이야.[20]

괴테가 말하는 예술의 감동은 단순히 눈물이 나거나 가슴이 뛰는 감정이 아니다. 감동은 따로 떼어 즐기는 장식이 아니라, 작품의 의미와 장면, 형식이 서로 어울릴 때 자연스럽게 생겨나는 결과다.

장면은 자극적인데 내용이 비어 있거나, 의미는 깊은데 표현이 어설프다면 우리는 감동하기보다 어딘가 어색함을 느낀다. 괴테는 바로 그 지점을 짚는다.

그는 묻는다. 의미 없는 장면을 보면서 괴로워하면서도 동시에 황홀해할 수 있는가? 그것은 깊은 감수성이 아니라 감각이 서로 어긋난 상태에 가깝다.

장면은 불쾌한데 형식만 아름답고, 내용은 공허한데 연출만 화려하다면, 관객의 마음은 하나로 모이지 못한다. 진짜 감동은 요소들이 따로 노는 데서가 아니라, 하나로 조화를 이룰 때 비로소 생겨난다.

괴테에게 감동은 자극의 강도에서 나오지 않는다. 그것은 작품 안의 요소들이 서로 어긋나지 않고 하나로 맞물릴 때 생겨나는 '내적 일치'에서 비롯된다.

무엇을 말하려는지, 왜 이런 장면을 선택했는지, 그 의미를 어떤 형식으로 담아냈는지가 서로 조화를 이룰 때 비로소 감동이 가능해진다. 감동은 덧붙여 꾸며 넣는 것이 아니라, 불필요한 것을 덜어냈을 때 자연스럽게 드러나는 결과다.

그래서 그는 예술을 즐기는 우리의 태도도 함께 돌아보게 한다. 순간적인 쾌락이나 강한 자극만을 찾는 태도는 작품을 깊이 만나지 못하게 한다.

진짜 감동은 편안함만을 추구하는 자리에서 생기지 않는다. 의미와 형식, 장면이 하나의 질서로 모일 때, 때로는 약간의 불편함을 통과하는 과정 속에서 더 깊은 울림이 만들어진다.

그가 말하는 예술의 감동은 화려함이나 강렬함이 아니라, ‘하나로 모인 힘’이다. 겉으로 드러난 효과가 아니라, 안에서 조용히 맞물리는 조화에서 비롯되는 울림인 것이다.

3장

나의 내적인 삶

1. 인간은 고독 속에서 자기 자신을 가장 정직하게 만난다

괴테: 침묵 속에서 완성하는 창작자

괴테는 미소 지으면서 말을 계속 이어 나갔다. "생각하건대, 실러는 감상문학을 소박문학에서 따로 떼어내 성립시키려고 한 것 같단 말이야. 그러나 감상문학은 어디까지나 소박문학의 기반 위에서 탄생한 것이네. 어느 정도 무의식적으로 말하자면, 본능이 명령하는 대로 일을 진행한다는 것은 실러의 방식이 아니었어. 오히려 그는 무슨 일을 해도 일일이 반성하지 않을 수 없었어.

이러했기 때문에 자신의 창작 상의 계획도 사람들에게 이것저것 말을 하지 않는 법이 없었지. 그는 만년에 희곡들을 쓰면서 장면 하나하나를 모두 나하고 자세하게 상담할 정도였는데, 이러한 것도 역시 그런 성격에서 왔을 것이야.

이와는 정반대로 내 성미에는 내가 계획 중인 창작을 어떤 사람에게, 물론 실러까지 포함한 누군가에게 말한다는 것이 전혀 맞지 않았어. 나는 모든 것을 언제나 조용히 내 가슴속에 간직해 두었기 때문에 완성할 때까지 보통 아무도 눈치채지 못했어.

내가 <헤르만과 도로테아>를 완성한 것을 실러에게 보여주었을 때 그는 깜짝 놀랐는데, 그것은 내가 그러한 계획이 있었다는 것을 한 마디도 입 밖에 내지 않았기 때문이지."[21]

괴테는 작품을 구상할 때, 먼저 계획을 떠벌리거나 아이디어를 설명하지 않았다. 어떤 작품을 쓰고 있는지, 방향이 무엇인지조차 쉽게 말하지 않았다.

생각이 자기 안에서 충분히 익기 전까지는 가까운 친구에게도 거의 이야기하지 않았다. 실러가 『헤르만과 도로테아』를 완성된 모습으로 처음 보고 크게 놀랐다는 일화는, 이런 괴테의 태도를 잘 보여준다.

괴테에게 창작은 아직 굳지 않은, 살아 움직이는 생각이었다. 그는 그 생각을 너무 일찍 말로 꺼내면 오히려 설명의 틀 속에 갇혀 버릴 수 있다고 보았다. 말로 정리하는 순간 생각은 완성된 것처럼 보이지만, 실제로는 더 자라날 가능성을 잃어버릴 수도 있다고 여긴 것이다.

그래서 그는 작품이 스스로 충분한 형태를 갖출 때까지 기다렸다. 말은 이미 완성된 것에 어울리는 도구이지, 아직 형성 중인 생각을 다루기에는 조심스럽게 써야 할 도구라고 생각했다. 그에게 침묵과 기다림은 미루는 태도가 아니라, 생각을 온전히 자라게 하기 위한 창작의 과정이었다.

괴테의 침묵은 소통을 피하려는 태도가 아니었다. 그것은 창작 약속을 지키기 위한 선택이었다. 그는 사람들의 즉각적인 반응보다 시간을 더 믿었고, 서둘러 설명하기보다 충분한 숙성을 신뢰했다. 생각이 완전히 익은 뒤에야 세상에 내놓는 것이 그의 방식이었다.

이 장면이 전하는 메시지는 분명하다. 깊은 생각은 말로 다듬는다고 자라는 것이 아니라, 기다림 속에서 스스로 힘을 얻는다는 점이다.

아직 완성되지 않은 생각을 서둘러 설명하거나, 평가받기 위해 꺼내지 말라는 뜻이기도 하다. 창작이든 사유든, 먼저 자기 안에서 끝까지 살아남게 하는 시간이 필요하다. 그 시간을 통과한 생각만이 흔들리지 않는 힘을 갖게 된다.

앞에서 말한 괴테의 창작 태도는 단지 예술의 영역에만 머무르지 않는다. 동서양의 많은 현자들도 깊은 성찰을 위해 고독과 침묵을 강조해 왔다. 생각이 충분히 익기 전에 말을 앞세우면, 그 생각은 쉽게 힘을 잃기 때문이다.

덴마크 철학자 키에르케고르는 이렇게 말했다.

"단순한 잡담은 생각을 입 밖으로 드러내게 하여 행동을 약화시킨다."

이 말은 생각을 말로 쉽게 소비하지 말라는 뜻이다. 실제로 우리는 무언가를 깊이 고민하고 있을 때, 그것을 서둘러 말로 표현해 버리면 마치 이미 다 해낸 것처럼 느끼곤 한다.

하지만 정작 행동으로 옮길 힘은 약해진다. 말이 생각의 에너지를 먼저 써 버리기 때문이다. 그래서 내면이 단단한 사람일수록 불필요한 말을 줄이고, 침묵 속에서 자신을 다듬는다. 자신감 있는 사람은 굳이 자신을 설명하려 하지 않는다. 말이 아니라 태도로 드러나기 때문이다.

이 태도는 가정에서도 그대로 적용된다. 우리는 가족이라는 이유로, 생각나는 대로 말하고 감정이 올라오는 대로 표현하는 경우가 많다. 그러나 때로는 말보다 침묵이 더 깊은 대답이 된다.

아이가 실수했을 때 즉각적인 잔소리를 쏟아내기보다 잠시 멈추어 바라보는 것, 배우자의 말에 바로 반박하기보다 조용히 생각을 가다듬는 것, 그 침묵이 관계를 지키는 힘이 될 때가 있다.

말은 순간을 이길 수 있지만, 침묵은 시간을 이긴다. 즉각적인 반응은 감정을 드러내지만, 잠시 멈춤은 관계를 보호한다.

특히 가장의 자리에서는 이 침묵의 힘이 더 중요하다. 감정이 앞설 때 한마디를 더 보태는 대신, 잠시 말을 아끼는 선택이 가족의 분위기를 안정시킨다.

괴테에게 침묵은 소통을 끊는 행위가 아니었다. 그것은 생각을 서두르지 않기 위한 보호였고, 관계를 쉽게 소모하지 않기 위한 절제였으며, 행동의 힘을 아끼기 위한 선택이었다.

그가 창작을 위해 침묵을 택했듯이, 우리 역시 삶과 관계 속에서 말보다 기다림을 선택해야 할 순간이 있다.

모든 것을 즉시 설명하려 하기보다, 충분히 익을 때까지 지켜보는 태도가 더 깊은 결과를 낳기도 한다. 때로는 아무 말도 하지 않는 자세가 가장 성숙한 응답이 되며, 그 침묵 속에서 생각은 단단해지고 관계는 오히려 더 오래간다.

위대한 창작은 '순수한 고립'에서 태어난다

> 정말이지 참으로 위대한 작품은 한결같고 순수하고 몽유병자와 같은 창조력에서만 탄생할 수 있는 것인데, 이것이 이제는 전적으로 불가능하게 되어 버렸지. 오늘날 우리의 재능 있는 작가들은 모두 뭇사람들의 주목을 받고 있다네. 매일 같이 50여 곳에서 발행되는 평론 잡지들, 그리고 이것을 둘러싸고 대중들 사이에 전개되는 잡담으로는 절대로 건전한 창작의 출현을 기대할 수 없지.
> 오늘날에는 이런 것들로부터 몸을 피하고 무리를 해서라도 고립을 지키지 않는 사람은 멸망하고 말걸세. 이런 야비하고 대부분 부정적인 문예비평을 일삼는 저널리즘 때문에 군중들 사이에 일종의 어설픈 문화가 조성되고 있는데, 그런 것은 새로운 것을 산출하려는 재능의 소유자에게는 해로운 안개, 뚝뚝 떨어지는 독약인 것이야.
> 그것은 창조력을 저장하고 있는 나무의 아름다운 푸른 나뭇잎은 말할 것도 없고, 가장 깊은 심수(心髓), 그 가장 깊은 곳에 자리 잡고 있는 섬유의 끝까지 파괴해 버리고 마는 독소인 것이지.[22]

괴테가 이 글에서 강조하는 핵심은 분명하다. 위대한 창작은 단순히 개인의 재능으로만 설명될 수 없으며, 무엇보다 창작이

가능하도록 허락하는 환경과 조건의 문제라는 인식이다.

그가 말하는 위대한 작품은 계산 속에서 만들어지지 않는다. 다른 사람의 반응을 미리 떠올리거나, 평가를 의식하며 다듬은 글에서는 탄생하기 어렵다.

오히려 의도와 통제가 조금 느슨해진 상태, 거의 무의식에 가까운 몰입 속에서 자연스럽게 흘러나올 때 비로소 가능해진다. 마치 몽유병자가 길을 걷듯, 스스로 계산하지 않으면서도 어딘가에 정확히 닿는 순간에 작품은 모습을 드러낸다.

창작의 깊이는 의식적인 전략보다도, 충분히 준비된 환경과 온전히 몰입할 수 있는 상태에서 비롯된다는 점을 그는 말하고 있는 셈이다.

하지만 괴테는 바로 그 상태가 점점 사라지고 있다고 본다. 끊임없는 주목, 실시간으로 쏟아지는 평론, 사소한 말까지 즉각 해석되고 소비되는 대중적 소음 속에서는 창작자가 깊이 잠길 공간이 남아 있지 않다.

항상 바라보는 시선이 있고, 곧바로 반응이 돌아오는 환경에서는, 창작에 필요한 고요와 무의식의 시간이 허락되지 않는다.

괴테가 말하고자 하는 바는 이것이다. 오늘날 위대한 창작이 어려워진 이유는 재능이 부족해서가 아니라, 깊이 잠길 수 있는 환경이 사라졌기 때문이라는 것이다. 창작은 개인의 능력이전에, 침묵과 거리, 그리고 방해받지 않는 시간이 허락될 때 비로소 가능해진다.

괴테는 이미 자신의 시대에도 창작이 드문 이유를 재능의 부족에서 찾지 않았다. 문제는 사람의 능력이 아니라, 깊이 잠길 수 없는 환경에 있다고 보았다. 그렇다면 오늘날의 환경은 어떠한가. 아마 많은 사람들이 고개를 저을 것이다.

스마트폰, SNS, 유튜브, 실시간 메시지와 끊임없는 알림은 우리의 집중을 잘게 쪼개 놓는다. 생각이 한 방향으로 흐르기도 전에 새로운 자극이 끼어들고, 아직 익지 않은 생각이 즉각적인 반응 속에서 소비된다. 이런 환경은 창작뿐 아니라 깊은 사유 자체를 어렵게 만든다.

문제는 재능이 아니라, 몰입할 수 있는 시간이 허락되지 않는 구조에 있다. 그렇다면 이런 환경 속에서 우리는 어떻게 해야 할까.

먼저 자녀의 경우를 생각해 보자. 부모가 늘 "공부해라, 집중해라"라고 말하면서 정작 집 안은 TV와 휴대폰 소리로 가득하다면, 아이에게 깊이 잠길 공간은 만들어지지 않는다. 아이를 재촉한다고 창의력이 자라나는 것은 아니다. 억지로 껍질을 깨면 병아리는 죽는다.

대신 부모가 먼저 조용한 시간을 만들고, 함께 책을 읽거나 각자의 공부를 하는 분위기를 조성한다면 아이는 그 환경 속에서 자연스럽게 집중을 배운다.

이것이 바로 '알묘조장(揠苗助長)'이 아니라 '줄탁동시(啐啄同時)'의 태도다. 안에서 쪼는 힘이 생겼을 때, 밖에서 도와주는 것이다.

직장도 마찬가지다. 성과를 빨리 내라고 몰아붙이고, 끊임없이 보고를 요구하며, 즉각적인 결과만을 압박하면 직원들은 안전한 선택만 하게 된다. 깊이 있는 기획이나 새로운 시도는 사라진다.

반대로 일정한 시간 동안 방해받지 않고 연구하고 고민할 수 있는 구조를 허용하면, 구성원은 자기 속도로 생각을 숙성시킬 수 있다. 리더가 할 일은 성급히 껍질을 깨려는 것이 아니라, 안에서 자랄 힘이 생길 때까지 환경을 지켜 주는 일이다.

창작이든 성장이든, 억지로 밀어 올린 결과는 오래가지 못한다. 먼저 환경을 마련하고, 시간을 허락하며, 안에서 자라는 힘과 밖에서 돕는 조건이 함께 만날 때 비로소 변화가 일어난다.

괴테가 강조한 환경의 중요성은 오늘 우리에게 더욱 절실하다. 우리는 흔히 재능의 부족을 먼저 탓하지만, 정작 몰입을 가능하게 하는 구조를 만들고 있는지 돌아보는 일은 드물다.

깊은 생각은 소음과 조급함 속에서 자라지 않는다. 고요를 지켜 주는 태도와 기다림이 있을 때, 안에서 자라는 힘과 밖의 조건이 비로소 함께 열리게 된다.

2. 사랑은 소유가 아니라, 서로를 성장하게 하는 힘이다

비판으로는 마음을 움직일 수 없다

시인의 불쾌한 감정은 독자에게도 전해지기 마련이야. 닥치는 대로 부정을 하다 보니 자신에게도 불리하게 작용했던 거지. 그리고 부정은 무(無)와 통하는 법이야. 나쁜 것을 나쁘다고 해서 이득을 보는 것은 아무것도 없어. 그러나 좋은 것을 나쁘다고 하면 사태는 더욱 위태로워지지. 다른 사람의 마음을 움직이려면 비난해서는 안 돼. 남의 잘못에 신경 쓰지 말고 좋은 일만 하도록 하면 되는 거야. 중요한 것은 파괴하는 것이 아니라 인류가 서로 접촉하고 순수한 기쁨을 누릴 수 있도록 건설하는 일이지.[23]

괴테는 두 가지를 함께 말한다. 하나는 부정과 비난이 지닌 한계이고, 다른 하나는 새로움을 만들어 내는 책임이다.

사람은 마음에 들지 않는 것을 보면 쉽게 비판하고 공격한다. 무엇이 잘못되었는지 지적하는 일은 어렵지 않다. 그러나 거기서 멈추면 아무것도 달라지지 않는다. 오히려 관계는 더 거칠어지고 공동체는 더 약해질 수 있다. 공격을 받은 사람은 마음을 닫고 방어하려 들기 쉽기 때문이다.

괴테가 보기에 진짜 변화는 비난에서 시작되지 않는다. 잘못을 드러내는 말보다, 더 나은 방향을 제시하는 제안이 사람을 움직인다. "이건 틀렸다"라고 말하는 것보다 "이렇게 해보면 어떻겠는가"라고 묻는 태도가 더 큰 힘을 가진다.

그래서 그의 질문은 단순히 무엇을 반대하느냐에 머물지 않는다. 오히려 이렇게 묻는 셈이다.

"그렇다면 우리는 무엇을 새롭게 만들 것인가?" 세상을 바꾸는 힘은 비판의 언어에만 있지 않다. 문제를 지적하는 데서 멈추지 않고, 더 나은 길을 제시하며 직접 움직이는 사람에게 있다.

그는 우리에게 부정의 말을 반복하는 사람으로 남기보다, 작더라도 무언가를 새롭게 만들어 내는 사람으로 살아가라고 권하고 있다.

앞에서 살펴본 것처럼 괴테는 비판을 그 자체로 목적 삼는 태도를 경계했다. 단순히 문제를 지적하는 데서 멈추지 않고, 더 나은 방향을 제시할 수 있을 때에만 그 비판이 의미를 갖는다고 보았다.

이 생각을 조금 넓혀 보면 자연스럽게 이런 질문이 생긴다. 타인을 비판할 때뿐 아니라, 나 자신을 돌아볼 때도 같은 기준이 필요하지 않을까.

괴테의 태도에 비추어 보면, 건강한 사람은 스스로를 몰아붙이는 사람이 아니라 자신을 점검할 줄 아는 사람이다.

우리는 한 번 옳다고 믿은 생각을 쉽게 내려놓지 않는다. 기존의 판단을 지키려는 마음이 강하기 때문이다. 그러나 그 태도가 지나치면 성장은 멈춘다.

그래서 필요한 것은 한 걸음 물러나 자신의 생각과 태도를 살펴보는 습관이다. 심리치료에서도 이런 방식이 활용된다.

예를 들어 거식증 환자를 치료할 때, 치료자는 "그 생각은 틀렸다"고 단정하지 않는다. 대신 그 사람이 가지고 있는 '미의 기준'이 과연 합리적인지 스스로 돌아보게 돕는다. 역할극이나 인지 재구성 같은 방법을 통해 자신의 생각을 조금 떨어져서 바라보도록 하는 것이다.

이처럼 왜곡된 인식을 바로잡는 과정은 단순한 교정이 아니라 자기 성찰의 출발점이다. 비판이 아니라 성찰로 나아갈 때, 변화는 강요가 아니라 이해에서 시작된다.

중요한 것은 '비판을 하느냐, 하지 않느냐'의 문제가 아니다. 타인을 향한 비난은 관계를 쉽게 소모시키지만, 자신을 향한 성찰은 삶을 더 단단하게 만든다.

그래서 자기 자신에 대한 건강한 비판은 필요하다. 그러나 그것은 스스로를 몰아붙이는 자책이어서는 안 된다. 더 나은 방향을 찾기 위한 점검이어야 한다. 무엇이 부족했는지를 따지는 데서 멈추지 않고, 그렇다면 앞으로 어떻게 달라질 수 있을지를 묻는 태도여야 한다.

괴테가 말한 창조적 태도는 이 지점에도 그대로 적용된다. 남을 비판하기 전에, 먼저 나의 생각과 태도 속에서 무엇을 새롭게 만들어 낼 수 있을지를 묻는 일이야말로 진짜 변화가 시작되는 자리이기 때문이다.

형식은 빌릴 수 있어도, 내용은 대신 살아 줄 수 없다

> 괴테는 말을 이어갔다. "셰익스피어는 황금사과를 은그릇에 담아 우리에게 내놓네. 그러나 우리는 그의 작품을

연구하고 겨우 이 은그릇을 손에 쥘 수는 있지만, 여기에 담을 수 있는 것은 감자에 불과하지. 이래서는 아무래도 모양이 좋지 않아."

오늘 식사 때 여성에 대한 말이 나왔다. 이에 대해 괴테는 아주 기발한 말을 했다. "여성은 은접시이지. 여기에 황금의 사과를 놓는 것은 남자들이야. 여성에 대한 나의 이 이념은 실제의 현상에서 생긴 것이 아니라 내가 태어나면서부터 갖추고 있었던 것이야.

아니면 저절로 내가 품게 된 생각인 것이지. 그래서 내가 작품 중에 그린 여성의 성격도 모두 성공하고 있어. 그녀들은 모두 현실에서 볼 수 있는 그러한 여성들보다 한층 더 멋지지."[24]

괴테가 여기서 강조하는 것은 모방의 한계다.

셰익스피어는 살아 있는 인간에 대한 깊은 이해, 세계를 보는 관점, 그리고 인물 속에 숨 쉬는 생명력을 작품 속에 담아냈다. 그 생명력이 바로 '황금 사과'와 같다. 그리고 그는 그것을 언어와 형식, 극적 구조라는 '은그릇'에 담아 무대 위에 올려놓았다.

하지만 후대의 우리는 그 은그릇, 즉 형식과 기법은 배울 수 있어도 그 안에 담긴 황금 사과까지 그대로 만들어 낼 수는 없다. 겉모습은 흉내 낼 수 있지만, 그 안의 생명력까지 복제할 수는 없기 때문이다.

그래서 형식만 남고 내용이 비어 버리면, 겉보기에는 정교하지만 감동은 없는 작품이 된다. 괴테가 말한 "감자가 담긴 은그릇"이 바로 그런 상태다.

은그릇을 닦는 법은 배울 수 있다. 그러나 그 위에 무엇을 올릴지는 각자의 삶과 사유에서 나와야 한다.

괴테가 여성 인물을 이야기할 때도 같은 태도가 드러난다. 그는 여성을 단순한 현실의 복사본으로 그리려 하지 않았다. 오히려 자신의 세계관과 미학을 담아내는 형식적 존재로 보았다. 예술은 현실을 그대로 따라 적는 일이 아니라, 현실을 넘어 인간의 가능성을 보여주는 일이라고 믿었기 때문이다.

오늘날의 기준으로 보면 이런 관점은 성 역할을 고정적으로 본 것처럼 느껴질 수도 있고, 논쟁의 여지도 있다. 그러나 이 말의 중심은 성별의 우열이 아니라 창조에 대한 태도에 있다.

괴테가 말하려는 핵심은 결국 여기에 있다. 위대한 작품은 현실을 있는 그대로 옮겨 놓는 데 그치지 않는다. 그 안에는 작가가 믿는 인간의 가능성과 삶에 대한 신념이 함께 담겨야 한다는 것이다.

겉으로 보면 여성 인물에 대한 이야기처럼 보이지만, 실제로는 예술이 무엇을 담아야 하는지를 밝히는 고백에 가깝다. 단순한 형식을 넘어 생명력을 담아야 하고, 모방을 넘어 자기만의 세계관을 드러내야 한다는 뜻이다.

그것이 괴테가 우리에게 남긴 창조의 원칙이다. 작품은 현실의 복사본이 아니라, 현실을 통과한 한 인간의 믿음이 응축된 결과여야 한다는 메시지다.

괴테의 말은 단순히 여성을 규정하려는 의도가 아니라, 형식과 내용, 담는 것과 담기는 것의 관계를 설명하는 비유에 가깝다.

그가 한 말, "여성은 은접시이고, 그 위에 황금 사과를 놓는 것은 남자들이다"라는 표현을 조금 다른 시각으로 바라보게 되었다.

만약 이 말을 문자 그대로가 아니라 관계의 비유로 이해한다면, 은접시인 여성이 고정된 존재라기보다, 그 위에 무엇을 올리느냐에 따라 의미가 달라지는 자리라고 볼 수도 있지 않을까 생각해 보았다.

은접시 위에 황금 사과를 올릴 수도 있고, 감자를 올릴 수도 있다. 그렇다면 문제는 접시의 가치가 아니라, 그 접시를 대하는 사람의 태도에 있다.

같은 사람이라도 존중과 신뢰로 대하면 빛이 나고, 무시와 경멸로 대하면 빛을 잃는다. 관계 속에서 무엇을 올려놓느냐가 그 관계의 품격을 결정한다는 뜻으로 이해할 수 있다.

특히 결혼한 부부의 관계에서는 이 비유가 더욱 분명해진다. 남편이 아내를 당연한 존재로 여기지 않고, 고귀한 존재로 존중하며 대할 때 아내의 자존감은 높아진다. 존중받는 아내는 자신을 소중히 여기고, 그 안정감은 자연스럽게 가정 전체로 흘러간다.

자존감이 높은 엄마는 아이를 비교나 불안으로 키우지 않는다. 아이는 그런 분위기 속에서 자신 역시 존중받는 존재임을 배우게 된다. 한 사람을 어떻게 대하느냐가 그 사람만이 아니라 다음 세대의 태도까지 결정짓는 셈이다.

괴테의 비유를 이렇게 바라보면, 그것은 남녀의 우열을 가리려는 말이 아니다. 오히려 관계 속에서 우리가 무엇을 담아낼 것인가에 대한 책임을 묻는 표현에 가깝다.
은접시가 어떤 의미를 갖게 되는지는 그 위에 무엇을 올려놓느냐에 달려 있다. 마찬가지로 관계 역시 그 안에 어떤 마음과 태도를 담느냐에 따라 전혀 다른 모습이 된다. 그리고 그 선택은 언제나 타인이 아니라, 우리 각자의 태도에서 시작된다.

3. 감정을 억누르는 사람은 자신을 이해하지 못한다

자기 이해의 한계, 그리고 인간의 겸손

자기 자신을 알라는 말이 되풀이되고 있지. 그러나 이 요구는 기묘한 것이야. 지금까지 이것을 만족하게 수행한 사람은 단 한 사람도 없었고, 또 사실 이것을 수행할 수 있다는 것은 거의 불가능한 일일세. 인간은 그 모든 감성과 노력을 다하여 오직 외적인 것, 즉 주위의 세계에 의존하고 있는 것일 뿐이야.

그래서 자기의 목적에 필요한 범위에서만 그 세계를 알고 자신에게 유용하게 쓰게 되어 있지. 사람들이 자기 자신에 대해서 알고 있는 것은 즐기고 있을 때라든지 괴로워할 때뿐이야. 또한 인간은 괴로움과 즐거움을 통해서만 자기가

> 무엇을 원하며, 무엇을 피해야만 하는가를 알게 되지. 그러나 그렇다 하더라도 인간의 본질은 확실치 않으며, 인간이 어디에서 왔으며 어디로 돌아가는 것인지도 알지 못하고 있네.
> 인간은 세계에 관해서 거의 아는 것이 없으며, 하물며 자기 자신에 관해서도 제대로 알지 못하고 있어. 나도 아직 나 자신을 잘 알지 못하고 있지. 그리고 이점에 있어서 나는 오직 신의 가호를 빌 뿐이야.[25]

괴테는 인류가 오래도록 반복해 온 말, "너 자신을 알라"라는 말을 그대로 받아들이지 않는다. 그는 이 말이 수없이 되풀이 되었지만, 실제로 완전히 이루어진 적은 거의 없다고 본다. 더 나아가, 이 말은 인간에게 애초에 쉽지 않은 과제라고 말한다.

그 이유는 단순하다. 인간은 자기 안만 들여다보며 살아가는 존재가 아니라, 세상과 관계를 맺으며 반응하는 존재이기 때문이다. 우리는 세상을 모두 이해하려 하지 않는다. 나에게 필요한 만큼만 이해하고, 당장 도움이 되는 범위 안에서 받아들인다. 자기 자신에 대해서도 마찬가지다.

우리는 자신을 잘 안다고 말하지만, 사실은 기쁠 때나 괴로울 때, 욕망이 강해질 때나 도망치고 싶을 때에만 잠깐씩 자신을 돌아볼 뿐이다.

그래서 괴테가 말하는 '자기 인식'은 내 안의 본질을 완전히 꿰뚫는 지식이 아니다. 그것은 순간순간 드러나는 나의 반응을 알아차리는 일에 가깝다. 화가 날 때 나는 어떻게 행동하는지, 실패했을 때 어떤 생각이 떠오르는지, 칭찬을 받을 때 마음이 어디로 기울어지는지를 살피는 것이다.

자신을 안다는 것은 고정된 실체를 붙잡는 일이 아니라, 살아가며 드러나는 나의 단면을 하나씩 인정하는 과정에 가깝다.

이 지점에서 괴테는 솔직하게 고백한다.

"인간은 세계도 완전히 알지 못하고, 자기 자신은 더욱 알지 못한다. 나 역시 아직 나 자신을 잘 알지 못한다."

자기 인식의 끝은 '나는 나를 완전히 안다'는 확신이 아니라, '나는 아직 모른다'는 겸손이기 때문이다.

괴테에게 "너 자신을 알라"는 말은 단번에 이루어야 할 목표가 아니다. 그것은 평생 붙들고 살아가야 할 질문에 가깝다. 완성의 선언이 아니라, 끊임없이 돌아보라는 요청이다.

앞에서 살펴본 것처럼, 괴테는 자기 인식이 단번에 완성되는 일이 아니라고 말한다. 나 자신을 안다고 쉽게 말할 수 없으며, 오히려 모른다는 사실을 인정하는 태도에서부터 철학이 시작된다고 보았다.

이 글을 읽으며 나는 다시 한번 깨닫게 되었다. 자기 자신을 안다는 것이 얼마나 어려운 일인지 말이다. 만약 그것이 그렇게 쉬운 일이었다면, 고대의 현자들이 그토록 반복해서 "너 자신을 알라"고 말하지는 않았을 것이다.

델포이의 아폴론 신전 현관에는 "너 자신을 알라"라는 문구가 새겨져 있었다고 전해진다. 이 말은 고대 그리스의 일곱 현인 가운데 한 사람인 탈레스의 말로 알려져 있지만, 그 의미를 깊이 파고들어 철학으로 만든 인물은 소크라테스였다.

한 일화가 전해진다. 어느 날 누군가가 신전에 가서 "소크라테스보다 더 현명한 사람이 있습니까?"라고 묻자, 신탁은 소크라테스가 가장 현명하다고 답했다. 이 말을 들은 소크라테스는 오히려 의아해했다. 그는 스스로를 지혜로운 사람이라고 생각하지 않았기 때문이다. 오히려 자신이 모르는 것이 많다고 느끼고 있었다.

그래서 그는 다른 현자들을 찾아가 질문을 던졌다. 혹시 자신보다 더 지혜로운 사람이 있다면, 자신의 질문에 분명한 답을 줄 수 있을 것이라 생각했기 때문이다. 그러나 스스로 지혜롭다고 여겨지던 사람들도 그의 질문 앞에서는 분명한 답을 내놓지 못했다.

그때 소크라테스는 신탁의 의미를 깨닫는다.

자신이 모든 것을 안다고 착각하지 않고, 오히려 모른다는 사실을 알고 있다는 점이야말로 지혜의 시작이라는 사실을 말이다.

이 일화는 괴테의 고백과도 닮아 있다. "나 역시 아직 나 자신을 잘 알지 못한다"는 그의 말은 무지가 아니라, 성숙한 인식의 표현이다.

자기 자신을 완전히 안다고 단정하는 순간, 사유는 멈춘다. 그러나 아직 모른다고 인정하는 사람은 계속해서 질문하고, 돌아보고, 배우게 된다.

결국 '너 자신을 알라'는 말은 하나의 정답을 찾으라는 말이라기보다, 평생에 걸쳐 스스로를 돌아보라는 요청에 가깝다. 나를 완전히 안다고 확신하는 태도보다, 아직도 더 알아가야 할 존재로 받아들이는 자세가 지혜에 더 가깝다.

괴테와 소크라테스는 서로 다른 시대를 살았지만, 이 점에서는 같은 목소리를 내는 듯하다. 자신을 아는 일은 한 번의 깨달음으로 끝나는 사건이 아니라, 계속해서 질문을 던지는 과정이라는 사실을 두 사람은 각자의 방식으로 전하고 있다.

가르침보다 더 강한 '삶의 공기'

괴테가 이 멋진 장면을 읽고 있는 동안 나는 그가 메피스토펠레스를 이용하여 화폐를 끌어내고, 그 당시의 중대한 관심사를 의미 있게 결부시켜 불멸의 것으로 만들어 놓은 절묘한 수법에 기쁨을 느꼈다.

이 장면을 다 읽고 나서 이에 대해 말하려고 할 때, 괴테의 아들이 아래로 내려와 우리의 식탁에 함께 앉았다. 그는 우리에게 그가 읽은 쿠퍼의 최근 소설에 대해 이야기했다. 그는 자못 그것을 눈앞에 떠올려 볼 수 있게 설명해 주었다.

그런데 우리가 방금 읽은 장면에 대한 사항은 조금도 입밖에 내지 않았음에도 그는 스스로 곧장 프로이센의 국고증권에 관해 말을 꺼내기 시작했다. 그것이 본래의 가치 이상으로 지불되고 있다는 것이었다. 그래서 나는 젊은 괴테가 말하는 동안 그의 아버지를 향해 잠깐 미소를 보냈다.

그러자 괴테도 마찬가지로 나에게 미소로 답해 주었다. 우리는 우리의 당면 화제가 약속이나 한 듯이 괴테 아들의 이야기와 때를 같이하고 있다는 것을 깨닫고 서로 수긍했던 것이다.[26]

괴테가 이 장면에서 보여주는 생각은 비교적 단순하다. 위대한 작품은 일부러 시대를 설명하거나 앞서가려 애쓰지 않아도, 결국 그 시대의 핵심을 정확히 건드린다는 것이다.

겉으로 보면 평범한 식탁의 풍경처럼 보이지만, 그 안에는 예술과 현실, 그리고 시간이 어떻게 이어지는지가 담겨 있다.

이 일화를 한 문장으로 정리하면 이렇게 말할 수 있다. 진짜 작품은 스스로를 변호하지 않아도, 시간이 지나면서 현실이 그 가치를 드러낸다.

유행을 좇거나 당장의 현실을 억지로 비판하려는 작품은 쉽게 빛을 잃는다. 그러나 시대의 본질을 정확히 짚어 낸 작품은 굳이 "이것이 옳다"고 외치지 않아도 된다. 현실이 자연스럽게 반응하고, 시간이 흐를수록 그 의미가 더욱 또렷해지기 때문이다.

괴테는 이 장면에서 자신의 예술관을 길게 설명하지 않는다. 대신 직접 보여준다. "내가 옳다"고 주장하기보다, "보라, 현실이 이렇게 흘러가고 있다"고 조용히 드러낼 뿐이다. 그것은 자기 확신을 과시하는 태도가 아니라, 시대의 흐름과 호흡을 함께하고 있다는 차분한 증거에 가깝다.

그래서 위대한 예술은 미래를 억지로 예측하려 하지 않는다.

다만 현실과 같은 리듬으로 살아 움직인다. 시간이 지나도 사라지지 않는 작품은 시대의 겉모습이 아니라, 그 안에서 뛰고 있는 맥박을 건드렸기 때문이다.

괴테가 왜 동시대의 유행을 좇지 말고, 시간을 견뎌 낸 기준 위에 서 있으라고 말했는지는 이 장면에서 분명히 드러난다. 그는 순간의 인기나 박수에 기대기보다, 오래 남을 가치를 선택하라고 권한다.

잠시 주목받는 작품은 빠르게 빛나지만 쉽게 사라진다. 반면 시간이 지나도 살아남는 작품은 겉으로 드러난 유행이 아니라, 인간과 시대의 본질을 붙들고 있기 때문이다. 그것이 괴테가 말한 예술의 태도이며, 오래 기억되는 길을 택하라는 조용한 요청이다.

가정에서 부모의 역할을 떠올려 보자. 아이에게 당장의 성적이나 눈에 보이는 성과만을 요구하면, 겉으로는 빠른 결과가 나올 수 있다. 그러나 오래 남는 것은 점수가 아니라 태도다. 부모가 일관된 기준을 가지고 말과 행동을 지킬 때, 아이는 시간이 지나며 그 기준을 자연스럽게 배우게 된다.

당장은 눈에 띄지 않아도, 책임과 성실함이라는 본질을 반복해서 보여 주는 부모의 모습이 결국 아이의 삶에 남는다. 유행하는 교육 방식보다, 시간이 지나도 흔들리지 않는 가치가 더 오래 작용한다는 뜻이다.

직장에서도 마찬가지다. 순간적인 성과를 위해 보여 주기식 보고하거나, 당장의 칭찬을 받기 위해 화려한 말로 포장하는 일은 잠시 효과가 있을지 모른다.

그러나 결국 신뢰를 만드는 것은 꾸준함과 일관성이다. 맡은 일을 성실히 해내고, 기준을 지키며, 작은 약속을 반복해서 지켜 나가는 태도는 시간이 지날수록 더 큰 힘이 된다. 상사의 눈에 잠깐 띄는 것보다, 동료와 조직이 오랫동안 신뢰할 수 있는 사람이 되는 것이 더 중요한 이유다.

괴테가 말한 “시간을 견뎌 낸 기준 위에 서라”는 요청은 단순한 예술론이 아니라 삶의 태도를 가리킨다. 그는 당장의 박수와 인정에 기대기보다, 오래 남을 신뢰를 선택하라고 말한다. 눈에 보이는 성과에 매달리기보다 사람과 관계의 본질을 붙들라는 뜻이다.

그렇게 살아갈 때 우리의 삶은 유행처럼 잠시 스쳐 지나가지 않는다. 겉으로 화려하지 않더라도, 조용히 그러나 분명하게 자기 자리를 남긴다. 시간이 흘러도 흔들리지 않는 기준 위에 설 때, 삶 역시 하나의 깊이로 남게 된다.

4. 가장 가까운 관계에서 인간은 가장 깊이 시험받는다

교양이란 타고난 나를 넘어서는 힘

그러한 자네의 타고난 성벽은 사람들과 어울리는 것을 허락하지 않아. 그러나 타고난 경향을 극복하려 노력하지 않는다면 도대체 교양이 무슨 의미가 있겠는가.

다른 사람이 자신과 조화롭게 지내야 한다고 요구하는 것은 그 자체가 어리석은 일이지. 나는 그런 생각을 해 본 적이 없어. 나는 사람을 독립된 개체로 보았고 그 사람을 연구했으며 타고난 성격 그대로 인정하고 지내려 했지만, 정작 그들로부터는 그 이상의 동정과 관심을 얻을 생각은 전혀 하지 않았지.

이렇게 해서 어떤 사람하고도 사귈 수 있게 되었어. 이렇게 해야만 여러 성격을 알 수 있었고 인생에 필요한 능력도 갖출 수 있네. 전혀 반대되는 성격을 가진 사람과 만났을 때는 자신의 욕구를 자제해야 해. 그래야 우리 마음속에 있는 여러 가지 요소가 발전도 하고 완성할 수도 있는 거야. 그 결과 누구와도 상대할 수 있는 자신을 발견하게 되지.[27]

괴테가 말하는 교양은 성격을 억지로 고치거나 감추는 기술이 아니다. 그렇다고 타고난 성향을 그대로 밀어붙이는 태도도 아니다.

그의 교양은 훨씬 현실적인 개념이다. 자신의 기질을 인정하되, 그 기질에 끌려다니지 않는 힘, 그것이 바로 교양이다.

사람은 누구나 불편한 성향을 하나쯤 가지고 있다. 성격이 급할 수도 있고, 예민할 수도 있으며, 고집이 세거나 갈등을 피하려는 습관이 있을 수도 있다.

괴테는 이런 성향을 없애야 할 결함으로 보지 않았다. 문제는 그 성향이 매번 나의 말과 행동을 그대로 결정하도록 내버려두는 데 있다.

“나는 원래 이런 사람이야.”라는 말로 자신의 반응을 합리화하는 순간, 교양은 멈춘다.

괴테가 말하는 교양은 바로 그 순간에 필요하다. 감정이 치밀어 오를 때, 불편한 관계에 놓였을 때, 말이 먼저 튀어나오려는 순간에 스스로를 한 박자 늦출 수 있는 힘. 즉, 자기 반응을 조절할 수 있는 능력이 교양이다. 교양은 편안한 자리에서 드러나는 세련됨이 아니라, 불편한 상황에서도 무너지지 않는 자기 관리의 힘이다.

그래서 교양은 나를 보호하기 위한 갑옷이 아니다. 오히려 더 많은 상황을 견디게 해 주는 근육과 같다. 갑옷은 세상을 막아 주지만, 근육은 세상 속에서 움직이게 한다. 교양이 깊어질수록 사람은 세상을 피하는 대신, 더 넓은 세계를 감당할 수 있게 된다.

괴테에게 교양은 나를 편안하게 보호하는 기술이 아니다. 오히려 낯설고 불편한 세계 속에서도 중심을 잃지 않고 살아가는 힘에 가깝다. 그 힘은 성격을 억지로 바꾸는 데서 시작되지 않는다.

먼저 자신의 성격을 이해하고, 그 한계와 가능성을 함께 받아들이는 데서 출발한다. 그리고 그 성격과 더불어 어떻게 살아갈지를 배워 가는 과정 속에서 서서히 완성된다. 교양은 겉을 꾸미는 능력이 아니라, 자신을 알고 조율하며 세계와 마주하는 내적 태도라고 할 수 있다.

괴테의 관점에서 보자면, 교양은 지식을 많이 쌓는 데서 생기지 않는다. 그렇다면 이런 교양은 어떻게 길러질 수 있을까?

교양은 책 몇 권 읽는다고 저절로 생기는 것이 아니다. 그것은 반복되는 일상 속에서 스스로를 다루는 연습을 통해 조금씩 쌓인다. 예를 들어 화가 날 때 곧바로 말로 터뜨리지 않고, 한 번 숨을 고르는 습관이 필요하다.

감정이 올라오는 순간을 알아차리고 "지금 내가 화가 났구나"라고 인정하는 것, 그 멈춤이 교양의 시작이다. 즉각 반응하지 않고 잠시 멈추는 힘이 쌓이면 관계는 훨씬 안정된다.

의견이 다른 사람을 만났을 때도 마찬가지다. 내 생각이 옳다고 느껴지더라도 상대의 말을 끝까지 들어 보는 연습이 필요하다. 반박할 준비를 하기보다 이해하려는 태도로 듣는 것이다.

교양은 논리로 이기는 능력이 아니라, 관계를 해치지 않으면서도 자신의 기준을 지켜 내는 힘에서 드러난다.

독서 역시 중요한 훈련이 된다. 지식을 늘리기 위한 독서가 아니라, 나와 다른 생각을 만나며 시야를 넓히는 독서다. 한 문장을 읽고 "나는 왜 이 부분이 불편할까?"라고 스스로 묻는 태도는 자기 이해를 깊게 만든다. 교양은 정보를 많이 아는 데서 오지 않고, 자신을 돌아보는 질문에서 자란다.

가정과 직장에서도 같은 원리가 적용된다. 자녀의 행동이 마음에 들지 않을 때 곧바로 훈계하기보다, "나는 지금 어떤 기대를 하고 있었는가?"를 먼저 돌아보는 것. 직장에서 실수가 생겼을 때 감정적으로 몰아붙이기보다, 구조와 과정을 점검하는 것. 이런 태도가 쌓일수록 사람은 더 넓은 상황을 감당할 수 있게 된다.

교양은 거창한 결심에서 시작되지 않는다. 말하기 전 잠시 멈추는 습관, 판단하기 전 한 번 더 생각해 보는 여유, 감정에 휩쓸리지 않고 내 안의 반응을 바라보는 반복 속에서 자란다. 이 작은 훈련이 쌓이면 타고난 성향에 휘둘리지 않는 힘이 된다.

교양은 하루아침에 완성되지 않는다. 그러나 매일의 작은 절제가 쌓일 때, 우리는 조금씩 더 넓고 깊은 사람으로 성장해 간다.

충고는 해도 되지만, 책임까지 대신 질 수는 없다

> 충고라는 것은 쉬운 일이 못 되지." 하고 괴테는 말했다. "세상에 나가보면 곧 알게 되지만 가장 현명한 것이 의외로 실패하고 오히려 가장 허무맹랑한 것이 성공을 거두는 경우가 있어. 그리고 이런 상황을 알게 되면 누구나 조언하는 것을 주저하게 되네.

요컨대 조언을 원하는 것도 바보스럽고, 조언을 해 주는 것도 월권행위이지. 그러니 우리는 자신도 협력할 의향이 있는 것에서만 조언하는 것이 좋아. 어떤 사람이 나에게 좋은 충고를 원한다면 나는 그 사람에게 조언하는 것을 아끼지 않을 거야. 그러나 그 사람이 그 조언에 따라 행동하지 않을 것을 조건으로 할 거네.[28]

괴테는 충고를 부정하지 않는다. 다만 한 가지 조건을 분명히 한다.

"그 사람이 그 조언을 그대로 따르지 않아도 괜찮을 때만 하라"는 것이다.

충고는 상대의 삶을 대신 결정해 주는 말이 아니라, 선택의 범위를 넓혀 주는 말이어야 한다는 뜻이다. 상대가 반드시 따라야 한다는 전제가 붙는 순간, 그것은 충고가 아니라 통제가 된다.

사람마다 살아온 경험이 다르고, 처한 상황도 다르며, 감당할 수 있는 능력과 조건도 다르다. 내가 옳다고 믿는 방법이 그 사람에게는 맞지 않을 수도 있다. 그래서 괴테는 충고하되, 그것이 반드시 실행되기를 기대하지 말라고 말한다.

충고는 "이 길도 한번 생각해 보라"고 방향을 제시할 수는 있다. 그러나 그 길을 대신 걸어 줄 수는 없다. 선택하고, 책임지고, 그 결과를 감당하는 일은 그 사람의 몫이다.

아무리 좋은 조언이라도 삶을 대신 살아 줄 수는 없다. 충고는 참고가 될 수는 있지만, 정답이 될 수는 없다.

상대의 조언을 그대로 따르는 것이 언제나 옳은 것은 아니다. 사람마다 처한 조건과 상황이 다르기 때문이다. 같은 말이라도 그대로 적용하면 오히려 실패로 이어질 수 있다. 아마 괴테가 "그 사람이 그 조언을 그대로 따르지 않아도 괜찮을 때만 하라"고 말한 이유도 여기에 있을 것이다.

그가 말하는 충고는 상대를 끌고 가려는 말이 아니다. 대신 스스로 생각해 볼 여지를 남겨 두는 말이다. 정답을 강요하는 언어가 아니라, 새로운 가능성을 열어 주는 언어여야 한다는 뜻이다.

좋은 조언이란 방향을 대신 정해 주는 것이 아니라, 스스로 방향을 찾을 수 있도록 돕는 일이다.

부모의 사랑은 자연의 작동 방식이다

> 최근 얼마 전에 나는 어떤 사람에게서 둥지에 들어 있는 새끼 휘파람새를 그 어미 새와 함께 선물로 받았다. 이것

은 끈끈이 막대로 잡은 것이었다.

그런데 그 어미 새는 실내에서도 쉬지 않고 새끼에게 먹이를 주었을 뿐만 아니라 창문 밖으로 놓아주어도 다시 새끼에게로 되돌아왔다. 그것을 보고는 나는 감탄하지 않을 수 없었다. 이러한 위험과 감금을 조금도 무서워하지 않는 어미 새의 사랑에 깊이 감동하여, 나는 오늘 괴테에게 나의 놀라움을 알려드렸다.

"바보 같으니라고!" 하고 그는 미소 지으면서 의미심장하게 대답했다.

"만약 자네가 신을 믿고 있다면 그것이 이상할 것은 하나도 없네."

신은 어울리게도 안으로 세계를 움직이고 자기 안에 자연을, 자연 속에 스스로를 품어 기른다. 그러므로 신 안에서 살고 움직이고 존재하는 것은 신의 힘과 정신을 잃지 않는 것이다.

"만약 신이 어미 새에게 자기 새끼 새에 관한 이와 같은 무한한 사랑의 본능을 불어넣지 않았다면, 또 이와 똑같은 본능이 자연 전체의 일체 생물에게 미치게 하지 않는다면, 이 세계는 영원히 지속하지 못할거야! ―그와 같이 신의 위력은 세계 어디에나 편재해 있고, 무한한 사랑은 어디에서나 약동하고 있는 것이라네."[29]

이 장면에서 드러나는 생각은 비교적 분명하다. 괴테는 사랑을 단순한 감정이나 도덕적 선택으로 보지 않는다. 그것은 세계를 지탱하고 이어 가는 근본적인 힘이라고 말한다.

겉으로 보면 이 이야기는 따뜻한 일화처럼 보이지만, 그 안에는 그의 자연관과 신에 대한 관점, 그리고 인간에 대한 이해가 함께 담겨 있다. 우리는 보통 사랑을 '착한 행동'이나 '고귀한 선택'으로 여긴다. 누군가를 사랑하는 일은 칭찬받을 미덕이며, 때로는 희생을 동반하는 숭고한 결단처럼 보인다.

그러나 괴테의 시선은 조금 다르다. 자연은 사랑을 도덕적으로 평가하지 않는다. 자연에게 사랑은 선택이 아니라 작동 방식이다. 세계가 계속 이어지기 위해 필요한 힘이며, 생명이 서로를 향해 나아가도록 만드는 기본 원리라는 뜻이다.

우리는 사랑을 "잘한 일"로 보지만, 자연은 사랑을 "있어야만 하는 일"로 사용한다는 뜻이다. 부모의 사랑이 감동적인 이유는 그것이 특별히 위대해서라기보다, 생명이 다음 생명으로 이어지기 위해 꼭 필요한 구조이기 때문이다. 돌봄과 양육은 선택이 아니라, 세계가 계속 유지되기 위한 기본 조건이다.

그래서 괴테에게 사랑은 단순한 낭만적 감정이 아니다. 또한 희생을 미화하는 이야기만도 아니다. 사랑은 자연과 생명이 이어지는 방식이며, 시간이 끊기지 않도록 하는 힘이다. 사랑은 우리가 설명하기 전에 이미 작동하고 있고, 우리가 평가하기 전에 이미 세상을 지탱하고 있다.

괴테는 이 장면을 통해 '자연-신-인간'이 서로 분리된 존재가 아니라 하나의 흐름으로 이어져 있다는 생각을 부드럽게 보여준다.

인간의 사랑은 자연을 넘어선 특별한 결단이 아니라, 자연의 질서가 인간 안에서 계속 작동하고 있는 한 모습이라는 뜻이다.

그래서 그에게 사랑은 이상적인 꿈이나 감상적인 가치가 아니다. 그것은 세계를 지탱하고 이어 가는 현실의 질서이며, 존재를 존재답게 만드는 근본적인 힘이다. 사랑은 선택 이전의 원리이자, 생명이 서로를 향해 움직이게 하는 자연스러운 흐름인 셈이다.

부모가 자식을 사랑하는 일을 단순한 감정의 문제로만 볼 수 없다는 점이 더욱 분명해진다. 나는 오랫동안 부모의 사랑을 '자식을 아끼고 돌보는 마음' 정도로 이해해 왔다.

그러나 괴테의 시선을 빌려 바라보니, 그것은 한 개인의 따뜻한 감정을 넘어서는 힘이라는 생각이 든다. 부모의 사랑은 자연과 생명이 끊기지 않고 이어지도록 하는 근원적인 작용에 가깝다.

이렇게 보면 부모의 사랑은 단지 한 가정을 따뜻하게 만드는 정서가 아니다. 그것은 생명이 다음 세대로 넘어가는 통로이며, 세계가 계속 유지되도록 떠받치는 구조다. 감정으로 시작되지만, 그 의미는 개인을 넘어 존재의 흐름 전체와 이어져 있다.

괴테는 사랑을 이렇게 거시적인 관점에서 바라본다. 어미 새가 새끼에게 먹이를 물어다 주는 모습은 특별한 희생의 장면이 아니다. 그것은 새라는 존재가 태어날 때부터 지닌 본능이며, 생명이 계속 이어지기 위한 자연스러운 작동이다. 괴테는 이 장면을 감상적으로 해석하지 않는다. 대신 생명이 스스로를 유지하는 질서로 이해한다.

이 시선을 통해 나는 사랑을 다시 생각하게 되었다. 사랑은 칭찬받기 위한 선택이 아니라, 생명이 이어지기 위해 필요한 흐름이다.

부모의 사랑 역시 "잘하고 있다"는 평가의 대상이 아니라, 세계를 지탱하는 하나의 역할이라는 사실을 깨닫게 되었다.

괴테의 글은 사랑을 더 넓은 시야에서 바라보라고 권하는 듯하다. 사랑을 개인의 감정으로만 보지 말고, 생명과 시간, 그리고 세대가 이어지는 흐름 속에서 이해하라는 것이다.

그렇게 바라보면 사랑은 더 이상 작은 감동이나 미덕의 이야기에 머물지 않는다. 그것은 생명이 계속 이어지도록 하는 근본적인 힘이며, 세계를 지탱하는 깊은 질서로 다가온다. 사랑은 한 사람의 마음에서 시작되지만, 그 의미는 개인을 넘어 시간과 존재의 흐름 전체를 품고 있는 셈이다.

4장

나의 외적인 삶

1. 직업은 인간을 단련하기 위한 것

많이 가르칠수록 아무것도 남지 않는다

"어디에서나"하고 괴테는 말했다. "대학에서는 과제물이 너무 많아. 또 너무나 많은 쓸데없는 것을 가르치고 있어. 모든 학자가 자기 전공 분야를 너무 넓게 잡아 청강생의 요구 이상으로 확장하고 있지.

예전에는 화학과 식물학은 약학과 소속으로 강의하고 있었고, 의과대학생들도 그것으로 만족하고 있었지. 그러나 오늘날에는 화학도 식물학도 독립되어 드넓은 학문이 되어 버렸어.

그중 한 가지만 하려 해도 일생이 요구될 정도야. 또한 그것을 의과대학생에게도 억지로 강요하려고 하고 있어. 그러나 이런 일을 강행하면 아무것도 되지 않아. 한쪽을 하게 되면, 다른 한쪽은 등한시하게 되어 잊어버리게 되지. 그러므로 현명한 사람은 모든 잡다한 요구를 물리치고 한 전공 분야에만 국한하여 그것에 정통하려고 하는 것이라네."[30]

우리가 살아가며 중요하게 추구해야 할 목표 중 하나는 경제적 독립일 것이다. 어쩌면 많은 사람들이 좋은 대학에 가기 위해 애쓰는 이유도, 결국은 스스로의 삶을 책임질 수 있는 힘을 갖기 위해서일지 모른다.

현실적으로 경제적 독립을 이루기 위해 대부분의 청년들은 대학을 졸업한 뒤 직장을 찾는다. 하지만 오늘날 직장을 갖는 일은 예전보다 훨씬 어렵다.

단순히 많이 아는 것만으로는 부족하고, 점점 더 특정 분야에서 실제로 쓸 수 있는 전문성을 요구받는 시대가 되었기 때문이다.

특히 AI, 반도체와 같은 첨단 산업 분야에서는 이런 경향이 더욱 뚜렷하다. 여러 분야를 조금씩 아는 사람보다, 한 영역에서 확실한 역할을 할 수 있는 사람이 필요해진 것이다. 지식의 양보다 깊이가 평가 기준이 되는 시대다.

이 지점에서 괴테의 말은 오늘의 현실과 맞닿아 있다. 그는 많은 것을 넓게 아는 사람보다, 자신에게 꼭 필요한 분야가 무엇인지 일찍 알아보고 그곳에 집중할 줄 아는 사람이 현명하다고 보았다. 이것은 배움을 줄이라는 말이 아니라, 배움의 방향을 분명히 하라는 조언에 가깝다.

경제적 독립도 마찬가지다. 이것저것 모두를 붙잡으려다 지치는 삶보다, 자신에게 맞는 한 분야를 선택해 깊이 파고드는 태도가 더 현실적인 힘이 된다.

괴테가 말한 '적게 배우되 제대로 배우라'는 지혜는, 오늘을 살아가는 청년들에게도 여전히 유효한 삶의 기준이다.

이 기준은 이제 막 취업을 준비하는 청년에게도, 퇴직 후 제2의 인생을 시작하는 사람에게도 그대로 적용된다.

취업을 준비하는 이들은 불안한 마음에 자격증을 이것저것 준비하고, 유행하는 스펙을 모두 따라가려 하곤 한다. 남들이 좋다고 하는 분야를 무작정 좇다 보면, 정작 자신이 무엇을 잘하고 어떤 방향으로 가야 하는지는 흐려진다.

이럴 때 필요한 것은 더 많은 준비가 아니라, 자기 점검이다. 내가 오래 붙들 수 있는 분야가 무엇인지, 시간을 들여도 지치지 않을 영역이 어디인지를 먼저 묻는 일이다.

한 분야를 정하고 그 안에서 경험을 쌓고, 작은 실력을 반복해서 다져 나갈 때 비로소 경쟁력이 생긴다. 방향 없는 노력은 소모가 되지만, 방향이 분명한 노력은 자산이 된다.

퇴직 후 새로운 길을 찾는 사람도 마찬가지다. 완전히 새로운 분야에 뛰어들어야만 의미있는 제2의 인생이 시작되는 것은 아니다. 오히려 자신이 오랫동안 쌓아 온 경험과 강점을 돌아보고, 그 안에서 다시 출발점을 찾는 것이 더 현실적이다.

예를 들어 금융권에서 오래 일했다면, 그 경험을 바탕으로 자문 역할을 하거나, 관련 교육과 컨설팅을 통해 또 다른 형태로 전문성을 이어갈 수 있다. 전혀 다른 유행 산업에 무리하게 뛰어드는 것보다, 이미 다져진 기반 위에서 새로운 방식으로 확장하는 편이 더 단단하다.

괴테가 말한 집중의 태도는 결국 자신을 아는 데서 시작된다. 남의 길을 따라가기보다, 내가 오래 견딜 수 있는 길을 선택하는 것. 빠르게 눈에 띄는 성과보다, 시간이 지날수록 깊어지는 실력을 택하는 것.

경제적 독립은 단번에 이루어지는 결과가 아니라, 이런 선택들이 쌓여 만들어지는 힘이다. 넓게 흔들리기보다, 한 지점을 정해 꾸준히 파고드는 사람에게 기회는 온다. 그것이 취업준비생에게도, 제2의 인생을 준비하는 이들에게도 유효한 가장 현실적인 지혜다.

과학은 진리의 세계이면서 동시에 생계의 세계다

> "과학에 종사하게 되면" 하고 나는 말했다. "인간의 이기주의가 한층 더 강하게 북돋아지는 것 같습니다. 이것이 일단 발동하게 되면 금세 그 인물의 여러가지 약점들이 속속들이 드러나기 십상이지요."
>
> "과학의 문제는"하고 괴테는 말했다. "실제적인 생계의 문제가 되는 것이 정말로 많지. 오직 한 가지의 발견으로 한 인간이 유명해지고 시민으로서 행복의 기초도 얻을 수 있네. 그러므로 과학계에서는 다른 사람의 창의(創意)에 대해서 이처럼 심하게 싸우고 고집하고 질투하기도 하지.
>
> [중략]
>
> 그러나 과학계에 있어서는 취급 방법이 문제가 되지 않지. 모든 성과는 오직 그 창의에 달려 있어. 이 분야에 있어서는 보편적인 것, 주관적인 것은 거의 찾아볼 수 없지. 자연법칙 개개의 발현은 우리하고는 아무런 관계가 없어. 그 모든 것은 스핑크스처럼 아무 말없이 확고부동하게 가로누워 있네.
>
> 새로운 현상은 그것을 모든 사람이 인정할 때 발견이 되

지. 그러면 발견은 각기 그 사람의 재산이 되네. 그러니 다른 사람이 조금이라도 그 재산에 손을 대려고 하면 소유주는 그 즉시 격분하게 되는 것이야."

괴테는 말을 계속했다. "과학계에서는 대학에서 가르침을 받고 배운 것도 재산으로 생각하고 있지. 만약 누군가가 새로운 학설을 가져온다고 하세. 그런데 이 새로운 학설이 오랫동안 맹종되고 되풀이되어 온 신조에 역행할 뿐만 아니라 이것을 전복해 버리게 될 염려가 있을 경우, 사람들은 격분하여 이것에 반항하고 모든 수단을 다해 이것을 압박하려고 할 거야.

가능한 한 이것을 향해 저항하고 들어도 못 들은 척, 알아도 모르는 것처럼 행동할 거야. 이처럼 새로운 진리가 탄탄한 궤도에 올라서기까지는 오랜 시간이 필요하지.[31]

괴테가 보기에 과학의 문제는 진리 그 자체에 있지 않다. 문제는 언제나 그 진리를 마주하는 인간의 태도에 있다. 사람들은 흔히 진리를 사랑한다고 말하지만, 실제로는 자신이 이미 쌓아 온 명성이나 소속, 안정된 위치를 더 소중히 여긴다.

진리가 기존의 생각과 질서를 흔들 때, 많은 사람들은 그것을 받아들이기보다 외면하거나 뒤로 미루는 선택을 한다.

괴테는 과학의 세계도 예외가 아니라고 본다. 과학자는 냉정한 이성만으로 움직이는 존재가 아니라, 우리와 같은 인간이다. 그 안에는 두려움도 있고, 욕망도 있으며, 이해관계도 그대로 작동한다.

그래서 새로운 진리가 등장하면, 그것이 옳고 그름의 문제가 되기 전에 '내가 감당할 수 있는가'라는 문제가 먼저 앞선다.

괴테의 통찰은 이 맥락에서 더욱 또렷해진다. 진리를 말하는 사람은 있을 수 있지만, 그 진리가 가져올 변화와 불안을 끝까지 견디는 사람은 훨씬 적다는 것이다. 진리를 '아는 것'과 그 진리와 함께 '살아가는 것'은 전혀 다른 차원의 문제이기 때문이다.

이 대목은 그의 사유가 예술을 넘어 과학의 영역에서도 일관되게 이어지고 있음을 보여준다. 그가 말해 온 "시간을 견뎌 낸 기준", "시기마다 다른 완성", "준비된 사람에게만 의미를 주는 시간"이라는 생각은 과학에서도 그대로 적용된다.

진리는 언제나 그 자리에 존재하지만, 그것이 삶의 의미로 다가오는 순간은 오직 준비된 사람에게만 허락된다는 뜻이다.

중요한 것은 진리를 소유하는 일이 아니라, 그 진리를 감당할 만큼 스스로를 단련하는 일이다. 준비된 마음과 시간을 통과한 태도 위에서만, 진리는 비로소 살아 있는 힘이 된다.

어느 사회에서든 기존의 진리가 잘못되었음을 받아들이는 일에는 큰 용기가 필요하다. 새로운 진리는 대개 전혀 다른 이야기라기보다, 지금까지 믿어 온 진리가 완전하지 않았음을 드러내는 경우가 많기 때문이다. 그래서 새로운 진리는 언제나 불편함과 저항을 함께 불러온다.

천동설이 상식이자 진리로 여겨지던 시대에 갈릴레이 갈릴레오가 지동설을 주장한 일은 그 대표적인 사례다. 그것은 단순한 학설의 차이가 아니라, 당시 사회의 질서와 권위, 그리고 기득권 전체를 흔드는 위험한 선택이었다.

그럼에도 불구하고 그런 용기 있는 사람이 있었기에, 인류는 더 넓은 세계를 이해할 수 있게 되었다.

괴테가 주목한 지점도 바로 여기에 있다. 사람들이 새로운 진리를 거부하는 이유는 대개 무지 때문이 아니라, 이미 손에 쥔 자리와 권위를 내려놓기 싫어서이다. 진리를 받아들이는 순간, 자신이 누려 온 위치와 영향력이 흔들릴 수 있기 때문이다.

괴테는 과학을 통해, 그리고 인간에 대한 통찰을 통해 이러한 기득권의 문제를 비판하고 있었다고 볼 수 있다.

이 문제는 사회나 조직에만 국한되지 않는다. 많은 조직이 변화에 실패하는 이유 역시, 새로움을 받아들이지 못하는 기득권 때문이다. 이미 정해진 방식, 익숙한 질서, 과거의 성공 경험에 매달릴수록 조직은 점점 경직된다.

가정도 예외가 아니다. 가장이 자신의 위치를 '기득권'으로만 지키려 할 때, 가정은 쉽게 권위주의에 빠진다. 대화는 줄고, 관계는 위계로 굳어지며, 화목함은 사라진다.

더 두려운 점은 이런 태도가 부모로부터 자식에게 그대로 이어진다는 것이다. 가정 안에서 배운 권위주의는 다음 세대의 삶의 방식이 된다.

그래서 괴테의 통찰은 우리에게 중요한 질문을 던진다. 새로운 질서를 만들어 가지 않으면, 답습된 기득권은 가정을 약하게 만들고, 그 가정들이 모인 사회 역시 병들 수밖에 없다는 것이다.

진리를 받아들이는 용기, 자신이 틀릴 수 있음을 인정하는 태도는 과학의 진보뿐 아니라, 건강한 가정과 사회를 지탱하는 핵심 조건이기도 하다.

문제를 비용으로 풀려는 조직은 항상 방향을 거꾸로 잡는다

"나는 너무나 잘 알고 있지." 하고 괴테는 말참견했다.

"돈을 절약해야 한다는 구실 아래 별로 돈이 들지 않는 연기가 서투른 배우를 채용하려는 것이야. 이런 식으로 돈을 쓰게 되면 아무리 해도 도움이 된다고 생각할 수 없지.
이처럼 가장 본질적인 사안에서 돈을 아끼려고 하는 처사만큼 극장 수입 증가를 위한 노력에 큰 해를 끼치는 일은 없어. 우리가 생각해야 할 일은 어떻게 하면 매일 밤 극장 안을 꽉 차도록 할 수 있을까 하는 것일세.
그렇게 하려면 젊은 남녀 가수를 각각 한 명씩 확보하고, 뛰어난 재능을 갖춘 젊고 늠름한 남녀 주연 배우, 그리고 소수의 미인을 선발해야 하네. 그렇지. 내가 지금도 극장 운영의 선두에서 지휘를 맡고 있다면 최선의 수입을 올리기 위해 한 걸음 더 앞으로 나아갈 것이야."
그러자 사람들은 그에게 그렇다면 어떤 생각을 하고 있는가를 물었다.
"나는 아주 간단한 방법을 택하겠네." 하고 그는 대답했다. "나는 일요일에도 공연을 하게 할 것이야. 이렇게 하면 적어도 한 해 동안 40일분의 수입이 늘어날 것일세. 그리고 이로 말미암아 적게 잡아도 연간 1만 내지 1만 5천 달러의 재원을 올리게 될 테지."[32]

괴테는 수입을 늘리기 위해 작품의 수준을 낮추거나 배우의 역량을 희생하는 길을 택하지 않았다. 돈을 벌기 위해 본질을 깎아내리는 선택이 결국 극장의 가치를 무너뜨린다는 것을 알고 있었기 때문이다. 대신 그는 공연의 질은 그대로 지키면서, 운영 방식을 바꾸는 방법을 고민했다.

그 결과로 나온 결정이 기존과 다른 시간대, 즉 일요일 공연을 도입한 것이었다. 작품의 완성도는 유지하되, 관객이 공연을 접할 수 있는 기회를 넓힌 것이다. 내용은 바꾸지 않고, 구조를 바꾼 선택이었다.

오늘날의 말로 바꾸면, 괴테는 핵심 역량을 포기하는 대신 그것을 더욱 분명히 지키면서 새로운 판을 연 셈이다. 본질을 희생해 당장의 수익을 늘리기보다, 본질을 보호한 채 구조를 조정해 지속 가능한 성장을 도모한 전략이었다.

괴테가 보여준 이 선택은 분명한 메시지를 전한다. 위기를 넘기는 방법은 수준을 낮추는 데 있지 않고, 지켜야 할 것을 분명히 한 뒤, 방식을 바꾸는 데 있다는 것이다.

이 대목을 읽으며 나는 괴테가 단순한 철학자가 아니라, 오히려 뛰어난 사업가에 가까운 인물이 아니었을까 하는 생각이 들었다. 그는 극장의 수입을 어떻게 늘릴 것인가를 고민하지만, 그 방식은 오늘날 기업의 CEO들이 참고해도 충분할 만큼 현실적이고 전략적이다.

많은 기업들은 적자가 나기 시작하면 가장 먼저 비용을 줄이는 선택부터 한다. 신규 투자나 마케팅을 줄이고, 임금이 높은 직원들을 내보내거나 급여를 동결·삭감하는 방식이다. 이런 선택은 당장 숫자상 재무 상태를 좋아 보이게 만들 수는 있다.

그러나 그 대가로 직원들의 사기는 떨어지고, 조직 전체의 활력도 함께 약해진다. 결국 새로운 기회를 만들 힘을 잃은 회사는 장기적으로 더 어려워질 수밖에 없다.

괴테는 이 구조를 정확히 알고 있었던 듯하다. 그래서 그는 극장의 수입을 늘리기 위해 작품의 수준을 낮추거나 배우의 역량을 희생하는 길을 택하지 않았다. 연극의 본질이 무너지면, 그 극장은 결국 오래 버틸 수 없다는 사실을 알고 있었기 때문이다.

조직이 흔들릴 때일수록 중요한 것은 무엇을 버릴 것인가가 아니라, 무엇을 반드시 지켜야 하는가를 분명히 아는 일이다.

본질이 흐려지는 순간, 조직은 자연스럽게 방향을 잃는다. 무엇을 위해 존재하는지 잊어버리면, 아무리 분주해도 움직임은 힘을 잃게 된다. 괴테가 보여 준 선택은 바로 이 점을 잘 드러낸다.

그는 수준은 지키되, 구조를 바꾸고 방식을 조정했다. 핵심 가치는 놓지 않으면서도, 그것을 실현하는 틀은 유연하게 바꾸는 태도였다. 본질을 지킨다는 이유로 낡은 형식을 고집하지도 않았고, 변화를 이유로 중심을 흔들지도 않았다.

진짜 리더십은 모든 것을 새로 만드는 데 있지 않다. 오히려 본질을 분명히 붙들고, 그에 맞게 판을 다시 짤 줄 아는 시야에 있다. 중심을 잃지 않으면서도 구조를 바꿀 수 있을 때, 조직은 비로소 흔들림 없이 앞으로 나아갈 수 있다.

채용은 완성도가 아니라, 형성 가능성을 선택하는 일이다

> 저녁때 괴테 댁에서 지냈다. 요즈음은 극장과 연극 지도에 관한 담화가 한창 유행하고 있었기 때문에, 나는 그에게 새로운 배우를 뽑을 때는 어떤 원칙을 적용하였는지 물었다.
> "그것은 간단하게 말할 수 없지." 하고 그는 대답했다.
> "나는 사실 여러 가지 방법을 사용했네. 신인이라고 하더라도 이미 상당한 명성을 갖추고 있는 배우인 경우, 그에게 연기를 시켜 보고 그와 다른 배우와의 균형이 잘 잡힐 것인가를 보았지.
> 그의 태도와 처사가 우리 전체의 조화를 어지럽게 하지 않을까 살폈고, 특히 그가 우리의 결함을 채워 줄 것인가를 검토했지. 그러나 그때까지 한 번도 무대에 서 본 일이 없는 젊은 사람이면, 우선 무엇보다도 그의 사람 됨됨이를

보았고, 그가 다른 사람을 끌어당기고 흥미를 느끼게 하는 점을 내면적으로 가졌는지, 그리고 무엇보다 자제심을 가졌는지를 조사해 봤네.
왜냐하면 조금도 자제심을 가지고 있지 않고, 다른 사람에게도 호감이 가도록 행동할 수 없는 사람은 절대로 어엿한 배우가 될 수 없기 때문이네. 배우라는 직업에 투철하기 위해서는 쉬지 않고 자기 자신을 부정하고, 끊임없이 타인의 가면을 쓰고 죽기도 하고 살기도 해야 하니까 말이야.
그의 외모와 태도가 나의 마음에 들면 책을 읽게 하고 그의 감각 기능의 힘과 범위, 그리고 그의 정신 능력을 알아보았네. 위대한 시인의 숭고한 작품을 주어 그가 참으로 위대한 것을 느낄 수 있는가, 그리고 표현할 수 있는가를 알아보았지. [중략]
다음으로는 상처받은 영혼의 괴로움이나 위대한 정신의 고뇌가 담겨 있는 것을 주어 감동적인 것의 표현도 소화할 수 있는지를 보았지.
이렇게 여러 가지 방면에 걸쳐 나를 만족시켰을 때는, 그 사람은 정말이지 훌륭한 배우가 될 수 있다는 확실한 기대가 생겼네. 만약 그의 몇 가지가 다른 방면보다 뛰어나게 좋았을 경우에는 그에게 특별히 적합한 전문 분야가 무엇인가를 일러주었지. 다음으로 그의 약한 점을 알아냈을 때도 나는 그 사람이 그 부분에 힘을 들여 연습하도록 했네.

이제 드디어 무대에 등장할 수 있게 되면 우선 처음에는 그의 개성에 맞는 역을 주어 한동안은 맡은 배역을 연기하는 것만으로 그냥 놔두었지.

그런데 그 사람이 성질이 너무 급하다는 것이 드러나면, 나는 그 사람에게 우둔한 배역을 주었네. 그러나 그 사람이 너무 침착하고 한가로운 것 같으면 그에게 성질이 급하고 민첩한 역을 주었지. 그렇게 함으로써 우선 자기를 버리고 다른 인물로 변신할 수 있게 연습시켰어."[33]

이 대목에서 괴테가 전하는 관점은 비교적 분명하다. 사람을 뽑는 일은 지금 당장의 완성도를 평가하는 작업이 아니라, 그 사람이 앞으로 성장할 수 있는 조건을 이미 갖추고 있는지를 살펴보는 일이라는 것이다.

채용은 완성된 인재를 가려내는 시험이 아니다. 오히려 한 사람이 제대로 자라날 수 있도록 환경을 함께 만들어 가겠다는 선택에 가깝다. "이미 잘하는 사람을 찾겠다"는 태도보다, "이 사람이 잘될 수밖에 없는 구조를 만들겠다"는 결심이 먼저라는 뜻이다.

중요한 것은 현재의 능력만이 아니라, 가능성을 알아보고 그것이 자라날 수 있는 토양을 마련하는 일이다. 사람을 뽑는다는 것은 한 사람의 미래에 투자하는 결정이기 때문이다.

그래서 괴테의 생각은 채용의 문제에만 머물지 않는다. 리더에게는 사람을 평가하기에 앞서, 그 사람이 일하게 될 환경이 어떤 상태인지를 먼저 점검하라고 말한다.

부모에게는 아이를 바꾸려 애쓰기보다, 아이가 달라질 수밖에 없는 조건을 먼저 마련해 주라고 조언한다. 조직에는 단기 성과를 재촉하기보다, 형성의 시간을 허용할 줄 아는 인내를 요구한다.

이 장면은 괴테가 말한 '형성(Bildung)'이라는 개념이 조직과 리더십의 현장에서 어떻게 실제로 작동하는지를 보여준다. 사람은 평가로 완성되는 존재가 아니라, 조건과 시간 속에서 천천히 만들어지는 존재라는 사실을 그는 분명히 하고 있다.

부모의 경우를 떠올려 보자. 아이가 공부를 안 하거나 태도가 마음에 들지 않을 때, 많은 부모는 아이를 바꾸려는 말부터 꺼낸다. "왜 이렇게 안 하니", "좀 달라져야 하지 않겠니"라는 말이 먼저 나온다.

하지만 괴테의 관점에서 보면 중요한 질문은 따로 있다. 이 아이가 스스로 달라지고 싶어질 수 있는 환경이 갖춰져 있는가, 실패해도 다시 시도할 수 있는 여유가 있는가, 비교와 압박이 아닌 신뢰 속에서 자랄 수 있는 조건이 마련되어 있는가 하는 점이다.

이 지점에서 가장 쉽게 놓치는 것이 부모 자신의 태도다. 집에서 부모는 휴대전화를 보거나 TV를 켜 둔 채 시간을 보내면서, 아이에게만 공부하라고 요구하는 장면은 결코 낯설지 않다.

그러나 그런 요구는 말의 힘을 갖기 어렵다. 아이는 말보다 환경을 통해 배우기 때문이다. 반대로 부모가 책을 읽고, 무언가를 배우며, 자기 일과 성장에 진지하게 몰두하는 모습을 보일 때, 아이는 '공부하라'는 지시를 듣지 않아도 자연스럽게 그 분위기 속에 놓이게 된다.

그래서 아이를 밀어붙이는 말보다 먼저 필요한 것은, 아이가 자라날 수밖에 없는 구조를 만드는 일이다. 부모가 먼저 살아가는 태도를 바꾸고, 배움이 일상에 스며 있는 환경을 만들 때, 아이의 변화는 강요가 아니라 흐름으로 일어난다.

괴테가 말하는 형성이란 바로 이런 방식이다. 사람은 설득당해서 바뀌는 존재가 아니라, 머무는 환경 속에서 서서히 만들어지는 존재라는 것이다.

조직도 마찬가지다. 성과가 잘 나오지 않을 때 많은 조직은 곧바로 숫자를 요구하고 속도를 재촉한다. 목표를 높이고, 평가를 강화하고, 단기간에 결과를 내라고 압박한다. 하지만 이런 방식은 사람을 키우기보다 소모시키는 경우가 많다.

괴테가 말하는 조직의 태도는 다르다. 지금 당장의 성과가 부족하더라도, 사람이 실수하고 배우며 자기 역할을 만들어 갈 시간을 허용하는 것, 그 시간 동안 조직이 흔들리지 않고 기다려 주는 인내가 필요하다는 것이다. 그렇게 형성된 사람만이 결국 조직의 힘이 된다.

괴테가 말하는 리더십과 양육은 겉으로는 다른 영역처럼 보이지만, 그 핵심은 같다. 두 경우 모두 사람을 직접 바꾸려는 데 초점이 있지 않다. 대신 그 사람이 스스로 달라질 수밖에 없는 조건을 마련하는 데에 중심이 있다.

리더든 부모든, 즉각적인 성과를 요구하며 재촉하는 태도는 오래가지 못한다. 변화와 성장은 시간 속에서 이루어진다는 사실을 믿고 기다릴 줄 아는 자세가 더 중요하다.

환경을 만들고, 신뢰를 주고, 스스로 깨닫고 선택할 수 있는 여지를 남겨 두는 일. 그 차이가 한 개인의 삶의 방향을 바꾸고, 더 나아가 조직과 가정이 어떤 길로 나아갈지를 결정한다.

리더십과 양육은 통제의 기술이 아니라, 성장을 가능하게 하는 구조를 세우는 일에 가깝다. 그리고 그 구조는 조급함이 아니라 기다림 위에서 완성된다.

2. 사회적 책임은 나를 드러내는 방식이다

날짜를 쓰는 이유: 작품은 삶의 단면이기 때문

> 시를 완성했을 때는 언제나 그 날짜를 써넣도록 해야 하네. 나는 어째서 그렇게 하는 것이 그토록 중요한 것인지 이해가 되지 않는다는 듯이 그를 쳐다보았다.
> 그는 이렇게 덧붙였다. "그렇게 하면 그것은 동시에 자네의 마음 상태의 일기로서 도움이 될 때도 있어. 이것은 절대로 하찮은 일이 아니야. 나는 여러 해 전부터 그렇게 해왔기 때문에 그것이 얼마나 유익한 것인지를 잘 알고 있네.[34]

괴테에게 작품은 단순히 완성된 결과물이 아니었다. 그것은 자신의 삶 속 한순간이 응축되어 남은 흔적에 가까웠다. 한 편의 글은 생각의 산물이기 이전에, 그가 통과한 시간의 기록이었다.

그래서 그는 작품에 날짜를 적어 두었다. 그 날짜는 형식적인 표시가 아니라, 그 글이 어떤 시간과 상황 속에서 태어났는지를 함께 남겨 두는 표식이었다. 시간이 흐른 뒤 그 날짜를 다시 보게 되면, 그는 작품을 읽는 동시에 그때의 자신을 다시 만나는 셈이었다.

작품은 글자만으로 존재하는 것이 아니라, 시간과 함께 존재한다는 사실을 그는 알고 있었다. 날짜를 남긴다는 것은 글을 기록하는 일이면서 동시에, 자신의 삶을 기록하는 일이기도 했다.

이런 의미에서 글은 단순한 창작물이 아니다. 그것은 그 시절의 생각과 감정, 고민과 결단이 담긴 일기와도 같다.

작품은 머리로만 만든 결과가 아니라, 살아 있던 시간이 굳어져 남은 형태였다. 괴테에게 글쓰기란 생각을 정리하는 일이기 이전에, 자신의 삶을 기록하는 일이었던 것이다.

이 부분은 우리 삶에도 충분히 적용해 볼만하다. 특히 독서를 할 때 책의 첫 장에 “언제 읽었는지”를 적어 두는 작은 습관은 생각보다 큰 의미를 갖는다.

몇 년 뒤 그 책을 다시 펼쳤을 때, 우리는 단순히 같은 문장을 다시 읽는 것이 아니라, 그 시절의 나를 다시 만나게 된다. 그때의 고민, 감정, 삶의 자리까지 함께 떠오르기 때문이다.

책의 문장은 그대로인데, 그것을 읽는 나는 이미 달라져 있다. 같은 문장을 다시 읽어도 전혀 다른 의미로 다가오는 순간, 우리는 비로소 시간이 우리를 어떻게 빚어 왔는지를 깨닫게 된다.

그래서 날짜를 남긴다는 것은 단순히 책을 기록하는 일이 아니다. 그것은 그 책을 읽고 있던 '그때의 나'를 함께 남겨 두는 일이다. 글은 변하지 않아도, 그 글을 통과하는 나는 계속 변한다. 그리고 그 변화를 알아차리는 순간, 독서는 단순한 읽기를 넘어 자기 삶을 돌아보는 시간이 된다.

경험은 가져오되, 삶에 그대로 들여놓지는 말라

> 괴테와 함께 식사했다. 그는 우선 먼저 아들의 여행에 대해 말하며, 그 성과를 너무 기대해서는 안 된다고 했다.
> "누구나 떠날 때 그대로 돌아오는 것이 보통이지. 돌아올 때 우리의 경우에 어울리지 않는 생각을 가지고 돌아오는 일이 없도록 조심하지 않으면 안 되네. 가령 나는 이탈리아에서 아름다운 계단의 개념을 가지고 돌아왔지.

그리고 나는 이 개념 때문에 확실히 내 집을 엉망으로 만들어 버렸어. 계단에 신경을 쓰느라 방을 모두 어울리지 않게 작게 만들어버렸거든. 중요한 것은 자기 자신을 억제하는 방법을 배워야 한다는 거지. 만약 내가 아무에게도 방해받지 않고 내 멋대로 행동했다면 틀림없이 나 자신뿐만아니라 주위 사람들까지 파멸에 빠뜨렸을 것이야."[35]

괴테의 말을 쉽게 풀어보면 이런 뜻이다. 그는 "사람은 대개 떠날 때의 모습 그대로 돌아온다"고 말한다. 이는 여행의 가치를 낮추려는 말이 아니라, 인간을 담담하게 관찰한 표현에 가깝다.

우리는 여행을 다녀오면 무언가 달라질 것이라 기대한다. 낯선 나라와 새로운 풍경을 경험하면 삶의 태도도 함께 바뀔 것처럼 느낀다.

그러나 실제로는 장소만 바뀌었을 뿐, 생각의 중심은 그대로인 경우가 많다. 그래서 일상으로 돌아오면 예전과 크게 다르지 않은 삶을 다시 이어가게 된다.

그가 전하고 싶은 뜻은 분명하다. 경험 그 자체가 곧 변화는 아니라는 것이다. 경험은 단지 재료일 뿐이다. 그 재료를 어떻게 받아들이고, 자기 삶과 어떻게 연결하느냐에 따라 결과는 전혀 달라진다.

같은 여행을 해도 누군가는 아무 변화 없이 돌아오고, 누군가는 작은 방향 전환을 이루게 된다. 변화는 장소에서 오는 것이 아니라, 경험을 해석하는 태도에서 시작되기 때문이다.

괴테의 통찰을 따라가 보면, 사람을 바꾸는 것은 여행 그 자체가 아니라 여행을 대하는 태도임을 알 수 있다. 아무 생각 없이 스쳐 지나간 경험은 시간이 흐르면 단순한 추억으로 남는다. 그러나 그 경험을 통해 스스로를 돌아보고, 무엇이 달라졌는지 묻는 사람에게는 작은 변화가 시작된다.

경험은 저절로 사람을 성장시키지 않는다. 변화는 언제나 경험 이후에 이어지는 사유에서 출발한다. 장소가 아니라 태도가, 사건이 아니라 그 사건을 해석하는 마음이 삶의 방향을 움직인다.

이 글을 읽으며 나 역시 여행과 경험에 대해 다시 생각하게 되었다. 그동안 나는 가능한 한 많은 경험을 쌓는 것이 성장의 지름길이라고 믿었다. 다양한 것을 보고 겪는 일은 분명 의미가 있다. 괴테 역시 경험의 가치를 부정하지 않는다.

그러나 중요한 것은 그다음 단계다. 경험했다는 사실만으로는 충분하지 않다. 어떤 경험이 나에게 자산이 될지는, 그 경험을 어떻게 돌아보고 해석했는가에 달려 있다. 같은 사건을 겪어도 누군가는 삶의 방향을 다시 세우고, 누군가는 아무런 변화 없이 흘려보낸다.

그래서 괴테가 강조하는 태도는 '많이 겪는 것'이 아니라 '제대로 소화하는 것'이다. 무작정 경험을 쌓기보다, 나에게 필요한 경험이 무엇인지 생각하고, 그 경험을 삶 속에 녹여내는 과정이 더 중요하다.

여행이든 어떤 체험이든, 그것이 나를 성장시키는 힘이 되려면 반드시 사유의 시간이 뒤따라야 한다. 겪는 것에서 끝나지 않고, 생각하는 데까지 나아갈 때 비로소 경험은 삶을 바꾸는 힘이 된다.

리더의 사적 감정은 조직 전체에 영향을 미친다

> "그처럼 많은 사람이 적절히 질서를 지키도록 하는 것은 여간 어려운 일이 아니었을 것입니다." 하고 나는 말했다. "그렇게 하려면 엄격하게 다스리는 것도 아주 중요하네. 그렇지만 애정을 갖고 대하는 것이 더욱 좋지. 그러나 가장 좋은 것은 식견을 갖고 아무도 편들지 않고 공평한 입

장을 취하고, 개인적인 차별을 두지 않는 것이지. 나는 나에게 위험한 두 가지의 적으로부터 스스로를 보호하지 않으면 안 되었네.
그 하나는 재능이 있는 사람을 무한정 사랑하여 자칫하면 공평함을 잃어버리게 되는 것이고, 또 다른 한 가지는, [중략] 그들에 대해 내가 책임 있는 입장에 있다는 것도 분별하고 있었지. 여기서 나는 사인(私人)이 아니었네. 한 조직의 우두머리인 것이며, 그 조직의 번영이 나 개인의 일시적인 행복보다 더 중요한 것이었어. 만약 내가 누구하고 사랑에 빠진다면 아무리 강력한 자석이 그 옆에 있다고 하더라도 옳은 방향을 가리키지 않는 나침반처럼 되어버릴 것이야.
이렇듯 나는 어디까지나 순수함을 지켰고 언제나 나 자신을 억제했기 때문에 극장을 잘 통솔할 수 있었네. 또 남들에게서 존경심을 얻는 데에도 실패하지 않았지. 그런 존경심을 얻지 못하면 어떠한 권위도 금세 땅에 떨어져 버리고 마는 것이야."[36]

괴테가 강조하는 것은 사람을 이끄는 힘이 화려한 말솜씨나 개인적인 매력에서 나오지 않는다는 점이다. 진짜 영향력은 감정에 휘둘리지 않고 공정함을 지켜 내는 태도에서 비롯된다.

조직을 움직이는 리더십도 마찬가지다. 엄격하기만 하거나, 반대로 인간적인 호감에 기대는 것만으로는 충분하지 않다. 더 중요한 것은 기준을 끝까지 유지하는 힘이다. 순간적인 기분이나 관계에 따라 판단을 바꾸지 않고, 맡은 역할에 맞게 자신을 조절할 수 있는 능력이 필요하다.

리더십의 핵심은 강한 인상이 아니라 안정된 중심에 있다. 흔들리지 않는 기준이 있을 때, 사람들은 그 리더를 신뢰하게 된다.

사람을 잘 이끄는 리더는 사람을 차갑게 대하는 사람이 아니라, 좋아하는 사람이라도 원칙 앞에서는 예외를 두지 않는 사람이다.

리더에게 요구되는 것은 감정을 없애는 것이 아니다. 감정을 다룰 줄 아는 능력이다. 호감이나 불편함을 그대로 판단에 반영하지 않고, 한 번 더 생각하고 균형을 잡는 힘이 있어야 한다. 그래서 진짜 리더는 “나는 원래 이런 사람이야”라고 말하는 사람이 아니라, 자기 자신을 관리할 줄 아는 사람이다.

리더의 자리는 자유보다 책임이 먼저이고, 호감보다 기준이 앞서는 자리다. 조직의 신뢰는 제도에서만 생기는 것이 아니다.

그 기준을 리더가 실제로 지켜내는 모습을 통해 쌓인다. 말로 공정을 이야기하는 것이 아니라, 행동으로 공정을 보여 줄 때 신뢰는 만들어진다.

이 장면은 괴테가 말하는 리더십이 추상적인 도덕적 구호가 아니라, 현실 속에서 자신을 통제하는 구체적인 기술임을 보여 준다. 리더십의 핵심은 사람을 다스리는 능력이 아니라, 자기 자신을 다스리는 능력에 있다는 뜻이다.

리더십의 핵심이 자기 통제에 있다면, 그 출발점은 무엇보다 사적인 감정을 다루는 힘에 있다고 생각한다. 조직 안에서 일어나는 일들은 늘 감정을 건드린다. 서운함, 분노, 기대, 실망 같은 감정이 순간적으로 올라온다. 문제는 그 감정이 판단을 대신하도록 내버려두는 데 있다.

의사결정은 빠를수록 좋다고 배워 왔다. 물론 상황에 따라 신속함이 필요할 때도 있다. 그러나 모든 판단이 즉각적일 필요는 없다.

오히려 중요한 순간일수록 한 번 멈추는 힘이 더 필요하다. 특히 리더의 자리에서는 이 '멈춤'이 조직 전체에 영향을 준다.

리더가 감정에 따라 바로 반응하면 조직은 긴장한다. 반대로 리더가 잠시 멈추어 상황을 살피면 조직은 숨을 고를 수 있다.

누군가의 실수 앞에서 즉시 질책하기보다 먼저 맥락을 살피는 태도, 불편한 보고를 들었을 때 바로 결론을 내리지 않고 한 박자 늦추는 태도는 조직의 분위기를 안정시킨다. 이 멈춤은 우유부단함이 아니라, 더 넓게 보려는 의식적인 선택이다.

예전에는 '빠르게 결정하는 사람'이 유능한 리더라고 생각했다. 그러나 지금은 '필요할 때 멈출 수 있는 사람'이 더 큰 책임을 감당할 수 있다는 것을 알게 되었다. 멈출 줄 아는 사람만이 감정이 아니라 기준으로 판단할 수 있기 때문이다.

이 멈춤의 힘은 단순한 습관이 아니라, 의식적인 훈련에서 나온다. 감정이 먼저 튀어나오지 않도록 스스로를 한 걸음 물러서게 하는 태도, 바로 그 지점에서 나는 '관찰'의 의미를 다시 생각하게 되었다.

관찰이란 상황을 통제하는 기술이 아니라, 나 자신의 속도를 조절하는 능력이다. 감정에 끌려가지 않고 한 걸음 물러서는 힘이다. 그리고 그 속도 조절은 단순한 인간관계의 예절이 아니라, 삶의 주도권을 다시 붙드는 방식이라는 것을 깨닫게 되었다.

3. 자신을 잃으면서까지 성공할 가치는 없다

성공이 빼앗아 간 자유

나의 진짜 행복은 시적인 명상과 시의 창작에 있었지. 그러나 이것도 나의 외적 지위 때문에 얼마나 교란받고, 제한받고, 방해를 받았던가. 만약 공적 직무상의 활동을 멀리하고 고독 속에 살 수 있었더라면, 나는 한층 더 행복하고 또 시인으로서도 훨씬 더 많은 것을 성취할 수 있었을 것이네.

그러나 <괴츠>와<베르테르>를 쓴 뒤 얼마 안 있어서 듣게 된 어느 현자의 말이 나에게는 사실로 되어 버렸지. 그것은 사람이 세상을 위해 한번 좋은 일을 하면, 세상은 그 사람이 두 번 다시는 그런 일을 하지 못하게 만들어 버리고 만다는 말이었어!
이름이 세상에 널리 알려진다는 것과 지위가 높다는 것은 생활에 있어서 좋은 일이기도 하지. 그러나 나의 높은 이름과 지위에도 불구하고 내가 했던 일은, 다른 사람에게 상처를 주지 않으려고 다른 사람의 의견에 입을 다물었던 것뿐이라네.
그때 나는 다른 사람의 생각을 알고 있었고, 다른 사람은 내 생각을 알 수 없었다는 이점은 있었지만, 이것은 정말로 더없이 어리석은 짓이었지.[37]

괴테의 이 고백이 전하는 생각은 단순하다. 성공이 곧 자유나 행복을 보장하지는 않는다는 사실이다.

그에게 진짜 기쁨은 혼자 있는 시간, 조용히 사유하고 글을 쓰는 순간에 있었다. 그러나 명성이 커지고 공적인 자리가 늘어나자 상황은 달라졌다.

많은 사람의 시선 속에 서게 되면서 그는 아무 말이나 자유롭게 할 수 없게 되었다. 누군가를 불편하게 하거나 상처 줄까 염려하며 생각을 조심스럽게 다뤄야 하는 순간이 많아졌기 때문이다.

그래서 그는 솔직하게 말한다. 이름이 널리 알려질수록, 아이러니하게도 자신에게서 조금씩 멀어지는 느낌을 받았다고.

이 고백은 성공을 부정하는 말이 아니다. 오히려 성공 이후에도 지켜야 할 것이 무엇인지, 그리고 무엇을 잃기 쉬운지를 돌아보게 만드는 성찰에 가깝다. 명성은 넓어질 수 있지만, 자기 자신과의 거리는 오히려 멀어질 수 있다는 사실을 그는 담담히 보여준다.

먼저 성공한 사람에게 필요한 것은 자기 중심을 잃지 않는 일이다.

명성과 지위가 높아질수록 사람은 타인의 기대 속에서 살기 쉽다. 칭찬에 맞추어 말하고, 이미지에 맞추어 행동하다 보면 어느 순간 '나답게' 생각하고 말하는 힘이 약해진다.

그래서 성공 이후에 더 지켜야 할 것은 능력이 아니라 정직함과 고독의 시간이다. 혼자 사유할 수 있는 시간, 눈치를 보지 않고 스스로를 점검하는 습관, 그리고 불편하더라도 진실에 가까이 서려는 태도. 이것을 잃으면 성공은 커져도 삶은 비어 간다.

반대로 아직 성공하지 못했다고 느끼는 사람에게 필요한 것은 자존감과 방향성이다. 성과가 없을 때 사람은 쉽게 자신을 의심한다. 남과 비교하며 조급해지고, 기준을 낮추거나 타인의 인정을 좇기 쉽다.

그러나 이 시기에 지켜야 할 것은 결과가 아니라 자기 기준이다. 지금 당장은 눈에 띄는 성취가 없더라도, 스스로 옳다고 믿는 길을 꾸준히 걸어가는 태도, 작은 일이라도 책임 있게 해내는 습관, 그리고 자기 자신을 함부로 깎아내리지 않는 마음이 더 중요하다.

성공한 사람은 외부의 박수 속에서 자기 자신을 지켜야 하고, 아직 성공하지 못한 사람은 외부의 침묵 속에서도 자기 자신을 지켜야 한다.

두 경우 모두에서 공통으로 필요한 것은 하나다. 상황이 바뀌어도 흔들리지 않는 내적 기준이다.

괴테의 고백은 우리에게 질문을 던진다. 당신이 어떤 자리에서 있든, 그 자리가 당신을 규정하도록 둘 것인가, 아니면 당신의 기준으로 그 자리를 통과할 것인가.

성공은 삶의 조건을 바꿀 수 있다. 더 넓은 무대와 더 많은 기회를 가져다줄 수도 있다. 그러나 그것이 삶의 방향까지 대신 지켜 주지는 않는다.

방향을 붙드는 일은 언제나 각자의 몫이다. 외부의 자리와 명성보다, 그 안에서 스스로의 기준을 잃지 않는 태도가 삶의 깊이를 결정한다.

그릇된 길은 언제나 비생산적인가?

> "그렇지만" 하고 나는 말했다. "그 경향은 그릇된 것이라고 이름 붙일 수 없을 정도로 당신에게는 아주 많은 이익을 가져다주었습니다."
> "그것이 감식의 안목을 배양하는 데 도움을 주긴 했지." 하고 괴테는 말했다. "이렇게 생각하고 나는 스스로를 위로하고 있네. 우리가 모든 그릇된 경향으로부터 끌어낼 수 있는 이익은 바로 이것이야.
> 불충분한 재능으로는 음악에 전념한다고 하더라도 결코 대가가 될 수 없지. 그러나 이 경우에 이 사람은 거장이 창작한 것을 분간할 수 있게 되고, 평가를 내리는 것을 배울 수 있네. [중략] 그 이득은 결코 사소한 것이 아니지. 그러므로 그릇된 경향이라고 하더라도 대체로 이득을 동반하는 법이야.[38]

괴테의 시선에서 보면, 잘못된 방향으로 흘러간 경험도 결코 헛되지 않다. 그 길에서 끝내 대가가 되지 못했더라도, 그 과정은 사라지지 않는다. 대신 무엇이 자신과 맞지 않는지, 무엇이 진짜가 아닌지를 가려낼 수 있는 눈을 남긴다.

때로는 성공을 통해서가 아니라 실패를 통해서야 비로소 분명해지는 것이 있다. "이 길은 내가 가야 할 길이 아니다"라는 확신은, 실제로 걸어 보았을 때에만 얻어지는 경우가 많다.

그래서 잘못된 선택처럼 보이는 경험도 결국은 방향을 다듬는 과정이 된다. 돌아가는 길이더라도, 그 길을 통과한 사람은 이전과 다른 시야를 갖게 된다. 실패는 끝이 아니라, 자신에게 맞는 길을 구별해 내는 또 하나의 기준이 된다.

이 말은 실패를 미화하려는 것이 아니다. 괴테는 삶을 성공과 실패라는 결과로만 판단하지 않는다. 그가 더 중요하게 여긴 것은, 한 사람이 어떤 선택과 시행착오를 거치며 어떤 사람으로 형성되어 가는가 하는 점이다. 돌아간 길과 잘못된 선택도 모두 헛된 시간이 아니라, 자신을 알아가는 데 필요한 재료가 된다.

이런 관점에서 삶은 정답을 빨리 맞히는 시험이 아니라, 삶은 시행착오를 겪으며 '내가 아닌 것'을 하나씩 덜어 내고, 그 과정을 통해 점점 자기 자신에게 가까워지는 여정이다.

괴테가 말하는 형성이란 성공을 향해 곧장 달려가는 길이 아니라, 굴곡진 길을 통과하며 자신의 본모습을 알아가는 과정 그 자체를 뜻한다.

괴테가 말하는 삶이 자신의 본모습을 알아가는 과정이라면,

나는 삶을 이렇게 받아들이게 된다. 삶은 내게 일어나는 사건들의 나열이 아니라, 그 사건들 사이에서 내가 어떤 시선으로 바라보고 선택해 왔는지가 쌓여 만들어진 결과라는 것이다. 그리고 그 시선은 언제든 다시 선택할 수 있다.

그래서 나는 더 이상 "언젠가 상황이 좋아지면 괜찮아질 사람"으로 살고 싶지 않다. 대신 어떤 상황에 놓이더라도, 그 안에서 나의 세계를 다시 정리하고 구성할 수 있는 사람으로 살아가고 싶다. 삶을 바꾸는 힘은 환경의 변화보다, 그것을 바라보는 시야에서 나온다는 사실을 조금씩 깨닫고 있기 때문이다.

시행착오는 누구에게나 찾아온다. 문제는 시행착오 그 자체가 아니라, 그것을 어떤 시선으로 받아들이느냐다. 같은 실패라도 무의미하게 흘려보낼 수도 있고, 다음 선택을 더 단단하게 만드는 재료로 삼을 수도 있다.

실패한 경험을 잊어버리기보다, 왜 그런 결과가 나왔는지를 돌아보고 자신의 것으로 만든다면, 그 경험은 이후의 선택에 분명한 기준이 되어 준다.

괴테의 관점에 비추어 보면, 삶의 속도를 정하는 것은 성공의 횟수가 아니다. 오히려 시행착오를 어떻게 바라보느냐가 더 중요하다.

같은 길을 오래 헤매지 않으려면 무작정 더 많이 시도하는 것보다, 한 번 멈추어 시야를 바꾸는 일이 필요하다. 무엇이 잘못 되었는지를 따지는 데서 끝나지 않고, 그 경험이 나에게 무엇을 가르쳤는지를 묻는 태도가 중요하다.

시행착오를 대하는 관점을 바꿀 수 있을 때, 삶은 불필요한 우회를 줄이고 조금 더 본질에 가까워진다. 실패가 반복이 아니라 방향 수정의 계기가 될 때, 우리는 비로소 같은 자리에서 맴도는 대신 한 단계 앞으로 나아갈 수 있다.

동시대를 좇지 말고, 시간을 견딘 기준을 만나야 한다

> 우리는 동시대인이나 동시대의 동업자들을 연구할 필요가 없네. 오히려 수 세기 이래로 변치 않는 가치와 변치 않는 명성을 보유하여 온 작품을 가진 과거의 위대한 인물에게서 배워야 하네.
> 참으로 탁월한 자질을 가진 사람이라면 이런 말을 하지 않아도 스스로 이러한 욕구를 느낄 것이야. 위대한 선행자와 어울리고 싶다는 욕구야말로 훌륭한 소질을 가지고 있다는 증거라네. 몰리에르나 셰익스피어에게서 배우는 것도 좋은 일이지. 그러나 무엇보다 첫째로 우리는 항상 고대 그리스인에게서 배워야 하는 것이라네.[39]

배움이란 시대의 속도를 좇는 일이 아니라, 시간을 견뎌 낸 기준에 자신을 맞추는 일이라는 것이다. 괴테는 지금 잘나가는 사람을 흉내 내거나, 당장 통하는 생각에 매달리지 말라고 말한다.

대신 오랜 시간 반복해서 읽히고, 계속해서 되돌아보게 만드는 질문과 사유 곁에 자신을 두어 보라고 권한다. 유행은 빠르게 바뀌지만, 오래 살아남은 생각은 이미 시간을 통과하며 스스로를 증명했기 때문이다.

그래서 그의 말은 오늘을 사는 우리에게 이렇게 들린다. 무엇을 배워야 할지 고민된다면, 지금 인기 있는 것을 먼저 찾지 말고 오래 남은 것을 살펴보라. 시간이 걸려 낸 생각 속에는 쉽게 흔들리지 않는 기준이 담겨 있기 때문이다.

이 태도는 특정한 분야에만 국한되지 않는다. 글을 쓰는 사람에게도, 아이를 키우는 부모에게도, 새로운 길을 찾는 사람에게도 그대로 적용된다. 무엇을 빨리 따라갈 것인가보다, 어떤 기준 위에 서서 살아갈 것인가를 먼저 묻는 일이다.

괴테가 말하는 배움의 방향은 분명하다. 속도가 아니라 깊이이며, 경쟁이 아니라 기준이다.

이 기준은 나처럼 퇴직 이후 새로운 길을 찾는 사람에게도 그대로 적용된다. 직장을 떠난 뒤 우리는 흔히 '완전히 새로운 무엇'을 찾아야 한다는 압박에 시달린다. 지금까지 해온 일과는 전혀 다른 분야로 방향을 틀어야만 제2의 인생이 시작되는 것처럼 느끼기 때문이다.

그러나 괴테의 시선으로 보면, 이 생각 자체가 조급함에서 비롯된 착각에 가깝다. 인생의 다음 단계를 위해 꼭 모든 것을 새로 시작할 필요는 없다.

오히려 자신이 오랜 시간 다루어 왔고, 몸으로 익혀 온 분야 안에서 새로운 역할과 방식의 일을 찾는 편이 훨씬 이롭다. 시간 속에서 다져진 능력과 기준은 하루아침에 만들어지지 않으며, 그것이야말로 후반의 삶을 안정적으로 떠받치는 자산이 된다.

아이를 키우는 부모에게도 같은 원리가 적용된다. 요즘 어떤 교육이 유행하는지, 또래 아이들이 무엇을 배우고 있는지에 마음이 쉽게 흔들린다.

그러나 아이에게 정말 필요한 것은 빠르게 앞서 나가게 만드는 자극이 아니라, 시간이 지나도 무너지지 않는 기준을 몸에 익히게 하는 일이다. 당장의 성과보다 성실함을, 속도보다 깊이를, 비교보다 자기만의 리듬을 존중하는 태도를 배우게 할 때, 아이의 삶은 훨씬 단단해진다.

배움이란 동시대의 속도를 따라잡는 일이 아니다. 그것은 오래 살아남은 기준에 자신을 맞추어 가는 과정에 가깝다.

괴테의 통찰은 바로 이 지점을 가리킨다. 우리는 흔히 새로움을 더 많이 받아들일수록 단단해질 것이라 생각하지만, 삶은 그렇게 강화되지 않는다. 오히려 시간이 검증해 온 가치와 태도 곁에 설 때 비로소 중심이 잡힌다.

인생의 어느 시기에 있든, 유행을 좇느라 흔들리기보다 오래 지켜 온 기준 위에 자신을 올려놓을 때 삶은 안정된다.

새로움을 덧붙이는 일보다, 흔들리지 않는 기준을 붙드는 일이 더 깊은 힘을 만든다는 사실을 그는 조용히 일러준다.

4. 진정한 실력은 상황이 흔들릴 때 드러난다

무례함은 예의로 제압되지 않는다

괴테는 웃었다. "그렇지, 그 말이 맞아. 거친 것은 한층 더 거친 것으로만 내쫓을 수 있지. 아주 젊었을 때 일어난 일이지만 아직도 기억하고 있어. 그때는 귀족 중에서도 아직 철면피 같은 사람들을 이따금 보았었지. 어떤 훌륭한 사람들의 회식 석상이었어.

부인들도 앉아 있는데 어떤 돈 많은 귀족이 야비한 말을 해서. 그 말을 듣고 있어야만 했던 모든 사람이 분노를 일으키게 되었지. 그런데 아무도 그 사람 눈앞에서는 뭐라고 말할 수 없는 처지였어.

그러자 그를 마주보고 앉아 있었던 어떤 대담하고 훌륭한 사람이 다른 방법을 택해 소리높여 무례하기 그지없는 말을 해댔기 때문에 거기에 있던 모든 사람은 물론이고, 야비한 말을 한 자까지도 깜짝 놀라버리고 말았지.
이리하여 그 사나이도 제정신으로 돌아가 두 번 다시는 입을 열지 않았어. 이 순간부터 이야기는 우아하고 즐거운 방향으로 흘러 모든 사람을 기쁘게 해 주었지. 그리고 사람들은 이 대담한 신사의 전례 없는 과감한 행동이 효과를 발휘한 것을 생각하고는 마음속으로 감사를 아끼지 않았네."[40]

겉으로 보기에는 부드러운 말과 예의 바른 태도가 갈등을 해결하는 가장 좋은 방법처럼 보인다. 물론 예의는 중요하다.
그러나 모든 상황이 온화한 표현만으로 정리되지는 않는다. 때로는 흐트러진 질서를 바로잡을 수 있는 분명한 기준과 단단한 태도가 필요하다.

질서를 지키는 힘은 말을 예쁘게 하는 데서 나오지 않는다. 상황이 흔들릴 때 중심을 잡아 줄 수 있는 사람, 필요하다면 분명하게 선을 그을 수 있는 사람이 있어야 공동체는 안정된다. 위기를 막는 힘은 부드러움 뒤에 자리한 확고함에서 비롯된다.

여기서 중요한 것은 단순히 '강하게 말하는 것'이 아니다. 강해질 수 있으면서도 절제할 수 있는 능력이다. 화를 낼 수 있지만 쉽게 화내지 않고, 권위를 사용할 수 있지만 남용하지 않으며, 단호해질 수 있지만 감정에 휘둘리지 않는 상태. 바로 그 균형이 상황을 진정으로 안정시키는 힘이 된다.

괴테의 관점에서 보면, 교양은 단순히 점잖고 온화해 보이는 태도를 뜻하지 않는다. 그것은 거칠어질 수 있는 힘을 안에 지니고 있으면서도, 그 힘을 스스로 조절할 수 있는 상태에 가깝다.

힘이 없어서 조용한 것이 아니라, 힘이 있지만 필요할 때만 선택적으로 사용하는 것. 감정을 터뜨릴 수 있으나 절제하고, 권위를 행사할 수 있으나 남용하지 않는 태도. 그 균형 위에서 비로소 성숙한 사람의 모습이 완성된다.

교양은 약함의 표현이 아니라, 통제된 힘의 형태다. 보이지 않는 절제가 쌓일 때 사람은 점점 더 깊어지고 단단해진다.

이러한 맥락에서 떠오르는 말이 있다. 공자가 안연에게 전한 '사물(四勿)'의 가르침이다.

"비례물시(非禮勿視), 비례물청(非禮勿聽), 비례물언(非禮勿言), 비례물동(非禮勿動)"

곧, 예가 아니면 보지도 말고, 듣지도 말고, 말하지도 말고, 행동하지도 말라는 뜻이다.

여기서 말하는 예(禮)는 단순한 공손함이나 형식적인 예절이 아니다. 상황에 맞는 질서와 기준을 지키는 태도다. 즉, 무엇을 어떻게 해야 하는지를 스스로 절제할 수 있는 힘이다.

앞서 말한 교양과도 맞닿아 있다. 힘이 없어서 조용한 것이 아니라, 기준이 있기 때문에 스스로를 제어하는 상태가 바로 예다.

그렇다면 예가 없는 사람에게는 어떻게 해야 할까?

무례한 태도에 무조건 부드럽게만 대응하는 것이 과연 예일까?

공자의 가르침을 깊이 생각해 보면, 예란 상황에 맞는 올바른 태도를 취하는 것이다. 질서를 무너뜨리는 행동 앞에서 끝없이 양보하고 침묵하는 것이 반드시 덕은 아니다. 공동체의 기준을 지키기 위해서는 때로 단호하게 선을 긋는 것이 필요하다. 예를 무너뜨리는 행동을 그대로 받아들이는 것은 관용이 아니라 방치가 될 수 있다.

그래서 예의가 없는 사람에게는 그에 맞는 단호함으로 대응하는 것이 오히려 예에 합당한 태도일 수 있다. 무례함에 감정적으로 맞서는 것이 아니라, 기준을 분명히 하여 질서를 회복하는 것. 그것이 공동체 전체를 위한 예다.

결국 예(禮)란 모든 사람에게 똑같이 부드럽게 대하는 태도를 뜻하지 않는다. 그것은 상황에 맞게 자신을 조율하고, 질서를 지키기 위해 필요하다면 단호해질 줄 아는 균형을 의미한다.

앞서 말했듯이 교양은 거칠어질 수 있는 힘을 안에 지니면서도, 그 힘을 스스로 통제하는 능력이다. 공자가 말한 사물(四勿)은 바로 그 통제의 기준을 보여준다. 무엇을 받아들이고 무엇을 멈출 것인지 분별할 수 있을 때, 비로소 힘은 절제가 되고 태도는 품격이 된다.

그 분별이 있을 때 부드러움도, 단호함도 제자리를 찾는다. 그리고 그때 사람은 예를 지키는 사람이 되며, 공동체 역시 안정된 질서를 유지할 수 있다.

기교는 수단이지 기준이 아니다

> 그 작품의 가장 첫 판은 그런 부분이 훨씬 잘되어 있었기 때문에 나는 그것을 즐겨 낭독했었네. 그런데 그 뒤 포스는 그 작품 여기저기에 손을 대고 변덕스러운 기교를 부려, 오히려 시구의 경쾌함과 원활함을 망쳐버리고 말았지. 대체로 오늘날에는 모든 것이 기교적인 것으로부터 시작하고 있네. 비평가 선생들은 하나의 운(韻)속에서 하나의 S 뒤에 다시 다른 하나의 S가 오고, 그 뒤에 SZ가 와서는

> 안 된다는 것에 신경을 쓰고 있지. 만약 내가 아직 젊고 대담하다면 의식적으로 이런 모든 기교 상의 제약을 거역하고 나갈 것이야.
> 두운법이든 반해음이든 그리고 틀린 운이든 무엇이든 간에 생각나는 대로 자유롭게 사용하면서 말이야. 그러나 중요한 점은 고려하여 누구든지 그것을 읽으면 암송하고 싶을 만큼 심정을 북돋는 훌륭한 것을 쓰도록 노력할 거라네.[41]

괴테는 작품에서 기술이 앞서기 시작하면, 그 작품은 점점 생기를 잃는다고 말한다. 화려한 표현과 정교한 형식은 겉으로 보기에는 훌륭해 보일 수 있다. 그러나 그것이 목적이 되어 버리면, 정작 작품이 전하려는 내용과 생명력은 약해진다.

그래서 그는 "젊고 대담하다면 규칙을 거역하겠다"고 말한다. 이 말은 규칙을 무시하라는 뜻이 아니다. 오히려 그는 규칙을 누구보다 잘 알고 있었기 때문에, 규칙이 작품을 돕는 도구가 아니라 작품을 지배하는 기준이 되는 상황을 경계했다.
규칙은 작품을 살리기 위해 존재해야지, 작품이 규칙에 맞추기 위해 존재해서는 안 된다는 것이다.

괴테가 말하는 자유는 제멋대로 하는 방종이 아니다. 규칙을 충분히 이해한 뒤, 필요하면 따르고, 더 필요하면 넘어설 수 있는 힘이다. 이것은 미숙한 반항이 아니라, 스스로 판단할 수 있는 사람의 성숙한 자유다.

이 생각을 한 문장으로 정리하면 이렇게 말할 수 있다. 기교는 작품을 돕는 도구일 뿐, 작품의 가치를 결정하는 기준이 되어서는 안 된다는 것이다.

괴테의 말은 이렇게 들린다. 잘 보이기 위해 글을 다듬지 말고, 형식을 맞추기 위해 억지로 문장을 만들지 말며, 먼저 사람의 마음에 닿는 말을 쓰라는 뜻이다.

발표 자료를 만들 때도, 보고서를 쓸 때도, 글을 쓸 때도 마찬가지다. "형식이 맞는가?"를 먼저 따지기보다 "읽는 사람이 이해하고 움직일 수 있는가?"를 먼저 생각하라는 요청이다.

형식은 내용을 돋보이게 하는 틀일 뿐, 중심이 되어서는 안 된다. 글의 힘은 겉모양이 아니라, 전달하고자 하는 뜻이 얼마나 분명하게 살아 있는가에서 나온다.

이 원칙은 예술에만 해당되지 않는다. 일과 공부, 관계와 삶 전체에도 그대로 적용된다. 우리는 종종 절차나 규칙을 지키는 데에만 집중하다가, 왜 그 일을 하는지 잊어버린다. 형식이 목적을 대신하는 순간, 일은 살아 있는 과정이 아니라 단순한 절차가 된다.

괴테가 전하려는 메시지는 결국 단순하다. 수단을 목적보다 앞세우지 말라는 것이다.

형식은 분명 중요하다. 그러나 그것은 언제나 목적을 살리는 범위 안에서만 의미를 가진다. 형식이 내용을 돋보이게 할 때는 힘이 되지만, 형식이 스스로 목적이 되는 순간 본질은 흐려진다.

중요한 것은 무엇을 말하려는지, 왜 이 일을 하는지에 대한 분명한 중심이다. 수단은 그 중심을 돕기 위해 존재할 뿐, 그 자리를 대신할 수는 없다.

이 생각은 작품의 세계를 넘어, 우리가 일하고 배우는 방식에도 그대로 이어진다.

예를 들어 직장에서 보고서를 작성할 때를 떠올려 보자. 표의 간격이 맞는지, 글자 크기가 통일되었는지, 표현이 정제되었는지를 점검하는 일은 분명 중요하다.

문단 배열, 논리의 순서, 제목 체계가 맞지 않으면 쉽게 마음이 놓이지 않는다. 그 덕분에 글은 정돈되지만, 때로는 그 정돈에 너무 많은 에너지를 쓰다 보니 정작 "이 보고서가 무엇을 말하려는가"라는 본질이 뒤로 밀릴 때도 있었다.

공부도 마찬가지다. 필기를 깔끔하게 정리하고, 형광펜으로 색을 맞추고, 체계를 세워 정리하는 일은 분명 도움이 된다.

그러나 정리하는 데에만 집중하고, 그 내용을 스스로 이해하고 자기 말로 설명해 보지 않는다면, 형식은 남지만 실력은 남지 않는다. 겉모습은 완성되었지만, 안은 비어 있는 상태가 될 수 있다.

괴테의 말을 빌리자면, 우리는 규칙을 따르기 위해 일하는 사람이 아니라, 목적을 이루기 위해 규칙을 사용하는 사람이어야 한다. 형식은 사고를 돕는 도구이지, 사고를 대신하는 장치가 아니다.

그래서 나에게 필요한 개선 방향도 분명해졌다.

첫째, 일을 시작할 때 "형식이 맞는가?"보다 "이 일의 핵심은 무엇인가?"를 먼저 묻는 습관을 들이는 것.

둘째, 형식을 다듬는 시간보다 내용을 숙성하는 시간을 조금 더 늘리는 것.

셋째, 완벽한 틀을 만드는 데에만 몰두하지 말고, 그 틀 안에 담길 생각이 충분히 살아 있는지를 점검하는 것이다.

형식을 중시하는 성격은 강점이다. 그것이 나를 성실하게 만들고, 구조를 세우는 힘이 되기 때문이다. 그러나 그 형식이 목적을 가리는 순간, 강점은 오히려 한계가 된다.

이제는 형식을 버리기보다, 형식을 제자리에 두는 연습이 필요하다. 목적이 먼저이고, 형식은 그 목적을 돕는 도구라는 질서를 분명히 세울 때, 일도 공부도 더 깊어질 수 있을 것이다.

예술의 본질은 기법이 아니라 인격이다

> 미술과 문학에서는 인격이 전부일세. 그렇지만 최근의 문학 평론가나 미술 평론가 중에는 취약한 인물들이 있어서, 이것을 인정하지 않고 문학작품이나 미술작품에서 드러나는 위대한 인격을 단지 변변치 않은 첨가물 정도로만 생각하고 있네.
> 더 말할 필요도 없지만 위대한 인격을 체득하고 존경하려면 자기 자신도 그러한 인물이 되지 않으면 안 되지. 유리피데스의 숭고함을 부정한 사람들은 모두 불쌍한 얼간이들이었고, 그와 같은 숭고함을 이해하지 못한 인간들이었어.
> 그렇지 않으면 취약한 이 세상의 면전에 불손하게도 무턱대고 자기 자신을 내세우려고 하고, 또 사실 자기 자신을 내세워 보인 뻔뻔스러운 사기꾼들이지.[42]

괴테는 예술 작품의 가치를 기술이나 형식에서 찾지 않았다. 그림이든 글이든 겉으로 보이는 구성이나 표현이 아무리 세련

되어도, 그것을 만든 사람이 얕으면 작품도 얕아질 수밖에 없다고 보았다.

작품에서 느껴지는 깊이와 울림은 계산해서 만들어지지 않는다. 그것은 그 사람이 어떻게 살아왔는지, 무엇을 고민했고 무엇을 견뎌냈는지, 삶을 얼마나 진지하게 통과했는가에서 자연스럽게 배어 나온다. 그래서 작품은 기술의 산물이기보다, 삶이 압축된 흔적에 가깝다.

괴테에게 예술은 '잘 만드는 일' 이전에 '어떻게 사는가'와 연결된 문제였다. 인격이 깊어지지 않으면 작품도 깊어질 수 없고, 삶이 성실하지 않으면 표현도 오래 남지 못한다.

예술의 중심에는 언제나 사람의 삶과 태도가 놓여 있다. 작품의 수준은 기교가 아니라 사람의 삶에서 나온다.

5장

형성되는 인간으로 살아간다는 것

1. Bildung(자기형성)

독창성이란, 만남의 순서가 남긴 흔적이다

사람들은 곧잘 독창성이라는 말을 입에 올리곤 하는데, 이것은 무엇을 의미하는 것일까! 우리가 이 세상에 태어날 때부터 곧 이 세상은 우리에게 영향을 주기 시작하고, 이것은 죽을 때까지 계속된다네. 장소는 달라도 이것은 언제나 마찬가지야! 우리가 우리 자신의 것이라고 부르는 것은 기력과 정신력, 그리고 의지 말고는 아무것도 없어. 만약 내가 위대한 선구자와 동시대인들에게 힘입은 바 큰 것을 일일이 열거할 수 있다면, 남는 것은 아주 적을 것이야. 그러나 이때 우리가 결코 간과할 수 없는 것은, 어느 외부의 중요한 인물의 영향을 받는 것이 우리 생애의 어떠한 시기였던가 하는 점일세.
레싱과 빙켈만 그리고 칸트는 모두 나의 연장자들이었고, 앞의 두 사람은 나의 청년기에, 마지막 한 사람은 나의 노년기에 영향을 주었다는 것으로 나에게 중대한 의의가 있었지.[43]

괴테는 이 대목에서 우리가 흔히 떠올리는 '완전히 독창적인 인간'이라는 생각에 의문을 제기한다. 그의 관점에서 보면, 사람이 온전히 자기 것이라고 말할 수 있는 것은 타고난 기질과 정신의 힘, 그리고 의지 정도에 불과하다.

우리가 어떤 생각을 하고, 무엇을 중요하게 여기며, 어떤 판단을 내리게 되는지는 결코 혼자 만들어진 결과가 아니다. 누구를 만나고, 어떤 책을 읽고, 어떤 시대와 환경 속에서 살아왔는지가 그 사람의 사고와 감각을 서서히 빚어 간다.

같은 영향을 받아도 사람마다 다른 길을 걷는 이유는 '언제' 그것을 만났느냐에 있다. 젊은 시절에 접한 한 문장과, 인생을 한참 살아낸 뒤 다시 만난 같은 문장은 전혀 다른 울림으로 다가온다. 삶의 경험이 쌓일수록, 받아들이는 깊이와 방향도 달라지기 때문이다.

이런 점에서 괴테가 말하는 독창성이란, 아무것도 없는 상태에서 새로 만들어내는 능력이 아니다. 그것은 수많은 영향과 경험이 어떤 순서로, 어떤 시점에 스며들었는지에 따라 형성된 결과다.

독창성은 순수한 창조의 문제가 아니라, 한 사람의 삶이 어떤 시간의 배열 속에서 이루어졌는가를 보여주는 흔적이다.

우리는 종종 퇴직 이후의 삶을 두고 “이제야 비로소 나다운 삶을 살아야 한다”고 말한다.

마치 지금까지의 삶은 준비 단계였고, 이제부터가 진짜 시작인 것처럼 느끼기도 한다. 그러나 괴테의 시선으로 보면, 제2의 인생 역시 갑자기 새로 시작되는 백지의 시간이 아니다.

지금의 나는 이전의 삶에서 만났던 사람들, 겪었던 선택들, 실패와 시행착오, 그리고 그때마다 쌓인 감각과 판단의 결과다. 그 시간들을 지워 버리고 완전히 새로운 사람이 되는 것은 불가능하다.

오히려 제2의 인생이란, 그동안 축적된 경험들이 어떤 순서와 의미로 다시 배열되느냐에 따라 달라지는 또 하나의 형성 과정에 가깝다.

이 시점에서 중요한 것은 ‘완전히 다른 삶’을 꿈꾸는 것이 아니라, 무엇이 나에게 남아 있는지를 정확히 바라보는 일이다.

어떤 일은 끝났지만, 어떤 감각은 여전히 살아 있고, 어떤 실패는 이제야 비로소 의미를 드러내기도 한다. 젊은 시절에는 짐처럼 느껴졌던 경험이, 인생의 후반부에 이르러서는 방향을 잡아 주는 기준이 되기도 한다.

괴테가 말한 독창성이 시간의 배열에서 나온다는 말은, 제2의 인생이야말로 가장 독창적일 수 있다는 뜻이기도 하다. 이제는 더 이상 서두를 필요도, 남의 기준에 자신을 맞출 이유도 없다. 대신 지금까지의 삶에서 무엇을 취하고, 무엇을 내려놓을지를 스스로 선택할 수 있는 시점에 와 있다.

제2의 인생은 새로 만들어내는 삶이 아니라, 이미 살아온 삶을 다시 이해하고 재구성하는 시간이다. 그 과정에서 중요한 것은 과거를 부정하는 것도, 미화하는 것도 아니다. 그저 그 시간을 있는 그대로 받아들이고, 그 위에 남은 것들로 다음 걸음을 정하는 일이다.

괴테의 통찰은 우리에게 이렇게 들린다. 인생의 후반부는 쇠퇴의 시간이 아니라, 오히려 자기 삶의 의미를 스스로 정리하고 배열할 수 있게 되는 가장 성숙한 시기라는 것이다.

젊은 시절이 경험을 쌓는 시간이라면, 후반부는 그 경험을 해석하는 시간이다. 무엇을 붙들고 무엇을 내려놓을지, 어떤 기억을 중심에 둘지 스스로 선택할 수 있는 여유가 생긴다. 그래서 삶의 후반은 단순히 시간이 흘러가는 구간이 아니라, 자신이 지나온 시간을 하나의 의미로 엮어 가는 과정이 된다.

천재는 홀로 태어나지 않는다

> "모든 예술에는" 하고 괴테는 말을 계속했다. "혈통이라는 것이 있네. 대가를 보면 언제나 그 대가가 그의 선임자의 장점을 이용했다는 것과, 바로 이점 때문에 위대해졌다는 것을 알 수 있어.
> 라파엘로와 같은 사람들도 자기의 힘만으로 훌쩍 대지에서 솟아 나온 것이 아니야. 그들은 고대의 것과 그들의 이전에 만들어진 최고의 것, 즉 걸작을 기반으로 삼고 있는 것일세. 만약 그 시대의 장점을 이용하지 않았다면 그들은 굉장한 사람이 되지 못했을 것이야.[44]

괴테가 말하는 '혈통'은 흔히 떠올리는 가족이나 피의 계보를 뜻하지 않는다. 그것은 예술과 사유의 세계에서 이어져 온 감각과 통찰의 흐름, 다시 말해 눈에 보이지 않는 전통을 가리킨다.

괴테의 생각은 분명하다. 위대한 예술가는 어느 날 갑자기 아무 배경도 없이 등장하지 않는다. 한 사람의 예술가는 이전 세대가 남긴 작품과 생각, 표현 방식 속에서 자라난다. 그 전통을 읽고, 배우고, 몸에 익히는 시간을 반드시 거친다.

그러나 진정한 예술가는 거기서 멈추지 않는다. 그는 전통을 그대로 반복하지 않고, 그것을 딛고 한 걸음 더 나아간다. 이전의 감각을 바탕으로 새로운 시선을 더하고, 자신만의 언어로 다시 말한다.

그래서 위대함은 '아무것도 없는 상태에서 새로 만드는 힘'이 아니라, 이어받은 것 위에 자신만의 것을 쌓아 올리는 과정에서 생겨난다.

괴테가 전하려는 메시지는 비교적 분명하다. 예술은 한 사람의 고립된 재능에서 갑자기 탄생하는 것이 아니다. 그것은 오랜 시간 쌓여 온 전통과 흐름 속에서 자라나며, 그 흐름을 새롭게 이어 가는 사람을 통해 앞으로 나아간다.

정리하면 그는 이렇게 말하는 셈이다. 위대한 예술가는 홀로서 있는 존재가 아니다. 그는 전통 속에서 길러진 사람이면서, 동시에 그 전통을 넘어 새로운 길을 여는 사람이다.

과거를 단절하는 이가 아니라, 과거를 깊이 이해한 뒤 그 위에서 한 걸음 더 나아가는 사람, 바로 그가 시대를 바꾸는 예술가라는 뜻이다.

이 지점에서 나는 괴테의 이러한 생각이 양자물리학의 관점과도 닮아 있다는 느낌을 받았다.

초기 양자물리학자들은 우리가 오랫동안 '진리'라고 믿어 온 것조차 정확한 수치로 고정할 수 없다는 사실과 마주했다. 세계는 딱딱한 구조물처럼 정해져 있는 것이 아니라, 확률과 관계 속에서 끊임없이 흔들리고 변화하는 존재였다.

보어와 하이젠베르크를 비롯한 동시대 과학자들이 발전시킨 양자이론은 뉴턴이 세워 놓은 고전 물리학의 토대를 근본부터 흔들었다. 그들이 밝혀낸 핵심은 이것이었다.

물질을 더 깊이 들여다볼수록, 그것을 완전히 분리된 단위로 나누거나 고정된 모습으로 설명할 수 없다는 사실이다. 어떤 것도 홀로 의미를 가지지 않으며, 모든 존재는 관계 속에서만 드러난다. 상호작용이 사라지면, 의미 역시 사라진다.

이 관점에서 보면 세상의 모든 것은 서로 영향을 주고받으며 존재한다. 독립적으로 완결된 것은 아무것도 없다. 괴테가 인간을 바라보는 시선 역시 이와 다르지 않다.

인간은 그 어떤 존재보다도 서로에게 깊은 영향을 주고받으며 살아가는 존재다. 한 사람의 생각, 성격, 삶의 방향은 언제나 타인과의 관계, 시대의 분위기, 보이지 않는 전통 속에서 형성된다.

이 사실을 받아들인다면, 우리는 조금 더 겸손해질 수 있지 않을까. 나 혼자 모든 것을 이루었다는 착각에서 벗어나고, 나 역시 수많은 관계와 영향 속에서 만들어진 존재임을 인정하게 될 것이다.

괴테가 말한 전통과 계보에 대한 사유는 결국 하나의 단순하지만 깊은 진실로 돌아온다. 인간은 홀로 설 수 없다는 사실이다.

한 사람의 생각과 재능도 이전 세대의 축적 위에서 자라고, 새로운 창조 역시 이미 존재하던 흐름을 딛고 나아간다. 우리는 스스로를 독립된 존재로 여기기 쉽지만, 실제로는 수많은 영향과 관계 속에서 형성된다.

그래서 전통을 이해한다는 것은 과거에 묶이는 일이 아니라, 내가 어디에서 왔는지를 아는 일이다. 그 인식 위에서만 우리는 비로소 자기 자리를 분명히 알고, 또 새로운 길을 열 수 있다.

개체의 성장 원리

> 식물은 줄기의 마디에서 마디로 성장하여 드디어 꽃을 피우고 열매를 맺고 끝을 맞이하지. 동물 세계도 이와 다를 바 없어. 애벌레나 촌충도 줄기의 마디에서 마디로 성장

하여 마지막으로 머리가 형성되지. 고등동물이나 인간도 척추뼈가 점차로 접합하여 마지막으로 머리가 생기고 거기에 힘이 집중된다네.

이렇게 개체에 일어나는 현상은 큰 집단에서도 볼 수 있어. 개개의 집합체인 꿀벌들을 보아도 서로 결합하여 전체를 산출하게 되는데, 이 최종적인 것은 또 이 전체의 우두머리로 간주하는 꿀벌의 여왕을 탄생시키게 되지. 어떻게 해서 이런 일이 일어나는 것인지는 불가사의하고 말로 표현하기 어려워. 그러나 여기에 내 나름의 생각을 하고 있기는 하네.

이와 마찬가지로 하나의 민족은 그들의 영웅을 만들어 내지. 이 영웅은 말하자면 마치 그들의 신처럼 선두에 서서 그 민족을 수호하고 그들이 안정을 누리도록 하는 거라네.[45]

어느 조직이든, 어느 공동체든 시간이 지나면 자연스럽게 중심이 되는 인물이 생긴다. 가정에서도 비슷하다. 가족 안에는 말수가 많든 적든, 결정의 방향을 잡고 분위기에 영향을 미치는 사람이 있다. 사회에서도 마찬가지로, 어떤 인물은 한 시대를 대표하는 얼굴처럼 보이기도 한다.

하지만 그 사람이 눈에 띈다고 해서, 혼자 힘으로 모든 것을 만들어낸 것은 아니다.

한 사람이 중심에 설 수 있었던 이유는 언제나 그 뒤에 보이지 않는 지지와 환경이 있었기 때문이다. 가족의 이해와 응원, 동료들의 협력, 그 시대가 요구하던 역할과 조건이 맞물리며 한 사람을 자연스럽게 앞으로 밀어 올린다. 중심인물은 스스로 떠오른 존재가 아니라, 관계 속에서 떠받쳐진 결과에 가깝다.

이 원리는 가정에서도 그대로 적용된다. 아버지가 집안의 중심처럼 보일 수는 있지만, 그 역할은 혼자 만들어지지 않는다. 배우자의 신뢰, 자녀들의 반응, 가족이 함께 쌓아 온 시간과 분위기가 어우러질 때 비로소 가장의 자리가 형성된다.

아버지가 흔들리면 가정 전체의 균형이 흔들리는 이유도 여기에 있다. 반대로 아버지가 묵묵히 자신의 자리를 지킬 수 있는 힘 역시, 가족과의 관계 속에서 길러진 것이다.

그래서 중심에 선다는 것은 혼자 빛난다는 뜻이 아니다. 오히려 더 많은 책임을 관계 속에서 감당한다는 의미에 가깝다. 사회의 중심인물도, 가정의 가장도 모두 혼자 서 있는 존재가 아니라, 공동체가 만들어낸 자리 위에 서 있는 사람이다.

중심인물은 혼자서 빛나는 사람이 아니라, 관계와 공동체가 함께 만들어낸 결과다. 한 사람이 앞에서 돋보일 수 있는 것은 그 뒤에서 받쳐 준 수많은 연결과 신뢰가 있기 때문이다.

가정에서의 가장 또한 마찬가지다. 그는 모든 것을 혼자 이끄는 존재라기보다, 관계의 한가운데에서 책임을 맡은 사람에 가깝다. 가족의 삶은 한 사람의 의지로만 움직이지 않는다. 서로의 지지와 협력이 모일 때 비로소 중심이 세워진다.

중심에 선다는 것은 특별해지는 일이 아니라, 더 많은 책임을 감당하는 자리에 서는 일이라는 뜻이다.

우리는 선택한다고 믿지만, 먼저 영향을 받는다

> "사실 이 문제는 너무나 광범위한 것이지" 하고 괴테는 말했다. "왜냐하면 우리가 다른 사람에게 주는 영향을 제외하면, 모든 것은 궁극적으로 우리가 외부로부터 받는 영향에서 비롯되기 때문이야."
>
> "한 가지 우리가 주의해야 할 것은" 하고 나는 말했다. "어떤 영향이 방해되는 것인가, 유용한 것인가, 즉 우리의 성질에 적합하고 도움이 되는 것인가, 아니면 이와는 반대되는 것인가 하는 점입니다."
>
> "물론 그렇지" 하고 괴테는 말했다. "그것이 문제일세. 그러나 또한 우리의 더 좋은 본성을 힘 있게 지켜가면서 마력적인 것이 부당하게 우격다짐을 부리지 못하게 한다는 것은 어려운 일이야."
>
> [중략]

"자네 말이 맞네." 하고 괴테는 말했다. "그러므로 각 지방의 풀이나 나무가 그 지방 주민의 정서에 영향을 끼친다고 할 수 있을 것이야. 그리고 또 이것은 확실한 사실이기도 해! 평생 높고 엄숙한 큰 떡갈나무에 둘러싸여 지내는 사람들이, 명랑한 자작나무 밑을 유유히 산책하며 즐기는 인간들하고 전혀 다른 인물이 되는 것은 당연한 것이지. 그러나 이때 일반적으로 사람들은 우리와 비교하여 그다지 감성적이지는 않다는 것을 잊어서는 안 되네."[46]

괴테는 인간을 완전히 독립된 의지로만 이루어진 존재라고 보지 않았다. 우리는 스스로 모든 것을 결정하며 살아가는 것처럼 느끼지만, 실제로는 태어나고 자란 환경의 영향을 깊이 받는다.

어떤 지역에서 자랐는지, 어떤 기후와 풍경을 보고 자랐는지, 주변 사람들은 어떤 말과 태도를 가지고 있었는지, 일상의 생활 방식은 어땠는지 같은 요소들이 오랜 시간에 걸쳐 우리의 성격과 감정을 빚어낸다. 우리는 스스로를 만들어 간다고 생각하지만, 그 바탕에는 이미 환경이 남긴 흔적이 자리 잡고 있는 셈이다.

그래서 괴테에게 인간은 세상과 분리된 채 홀로 서 있는 존재가 아니다. 인간은 언제나 관계와 환경 속에서 형성되는 존재다. 우리는 끊임없이 영향을 받으며 살아간다.

하지만 그렇다고 해서 인간에게 자유가 없는 것은 아니다. 괴테가 말하는 자유는 "아무 영향도 받지 않는 상태"가 아니다. 그런 자유는 애초에 존재하기 어렵다.

그가 말하는 진짜 자유는 이것이다. 내가 어떤 영향을 받아들이고, 무엇을 내 삶의 기준으로 삼을지를 스스로 선택할 수 있는가 하는 점이다.

환경은 나에게 끊임없이 영향을 주지만, 그 영향을 그대로 흡수할지, 걸러낼지, 방향을 바꿀지는 결국 나의 몫이다.

괴테의 사유를 따라가면, 이 생각은 한 문장으로 이렇게 정리할 수 있다.

인간은 환경 속에서 형성되지만, 그 영향을 그대로 따를지 스스로 분별하고 선택할 책임을 지는 존재다.

2. 어떤 인간이 되어가고 있는가

작품은 '완성물'이 아니라 '성장한 생명'이다

"고대 독일 건축 작품을 보게 되면" 하고 괴테는 말했다. "비범한 황금시대가 있었다는 것을 알 수 있네. 이러한 황금기의 작품에 그대로 직면하게 되면 그저 감탄할 뿐이지. 그러나 이 식물(건축 작품)의 비밀스러운 내적 생활을 찬찬히 들여다보고 여러 힘의 움직임과 꽃의 점진적인 성장과 만발의 과정을 보게 되면, 사물을 전혀 다른 눈으로 보게 되어 자기가 무엇을 보고 있는지를 알 수 있게 되는 것이야.

자네가 이번 겨울을 지내는 동안 이러한 중요한 대상을

보는 식견을 한층 더 심화시킬 수 있게 해 주지. 그렇게 되면 내년 여름에 자네가 라인 지방을 여행하면서 슈트라스부르크 대성당과 쾰른 대성당을 볼 때도 도움이 될 것일세."[47]

괴테는 건축을 이미 완성된 결과물로 보지 않았다. 그에게 건축은 한순간에 만들어지는 구조물이 아니라, 시간이 지나며 자라나는 생명체에 가까웠다.

건물은 설계도대로 어느 날 갑자기 완성되는 것이 아니라, 작은 씨앗에서 출발해 환경과 시간 속에서 서서히 형태를 갖추는 식물과 같다는 뜻이다.

모든 건축은 아주 사소한 필요나 생각에서 시작된다. 그 위에 주변 환경, 사용 가능한 기술, 시대의 분위기, 그리고 사람들의 판단이 하나씩 더해진다.

이 요소들이 겹치고 조정되며 반복되는 선택의 과정을 거쳐, 마침내 하나의 건물이 완성된다. 다시 말해 건축은 결과라기보다 축적된 과정의 흔적이다.

그래서 괴테가 주목한 것은 겉모습이 아니었다. 외형만 본다면 어떤 건물도 흉내 낼 수 있다. 하지만 그 건물이 왜 그런 모습이 되었는지, 어떤 선택과 맥락 속에서 그렇게 자라났는지를 살펴보면 그 안에서 작동한 원리가 드러난다.

결과만 따라 하면 모방에 머물지만, 과정을 이해하면 창조의 원리를 배울 수 있다. 괴테에게 건축이란 만들어진 물건이 아니라, 시간과 환경 속에서 사유가 자라난 하나의 살아 있는 형태였던 것이다.

이러한 괴테의 생각은 건축에만 머물지 않고, 인생 전체에도 그대로 적용할 수 있다. 우리는 누군가가 성공했을 때, 그 사람이 이룬 결과만을 바라보며 부러워하기 쉽다. 눈에 보이는 성취, 드러난 위치, 완성된 모습에 먼저 시선이 간다.

그러나 더 중요한 것은 그 사람이 어떻게 그 자리에 이르렀는가 하는 과정이다. 어떤 선택을 했는지, 어떤 시간을 견뎌 왔는지, 무엇을 포기하고 무엇을 쌓아 왔는지를 살펴보는 일이다.

이는 건축물의 외형만 바라보는 것과, 그 건물이 어떤 환경과 필요 속에서 어떻게 자라났는지를 이해하려는 태도의 차이와 같다.

겉모습만 보고 감탄하는 사람은 그 순간의 감정에서 멈춘다. 반면 과정을 들여다보고 곱씹는 사람은, 그 안에서 자신에게 적용할 수 있는 기준과 방향을 발견한다. 결과를 부러워하는 데서 끝나지 않고, 자신의 삶을 다시 설계할 실마리를 얻는 것이다.

괴테가 강조한 것도 바로 이 지점이다. 겉으로 드러난 완성된 모습에만 머물지 말고, 그 안에 쌓여 온 시간과 선택의 흐름을 함께 보라는 것이다.

삶은 하나의 결과로 규정되는 것이 아니라, 수많은 선택과 경험이 이어진 과정 속에서 만들어진다. 그 과정을 이해하고 돌아볼 수 있는 사람만이 자신의 방향을 더 분명히 알게 된다.

미래를 단단하게 만드는 힘은 화려한 성취가 아니라, 그 성취를 가능하게 한 시간과 태도를 스스로 인식하는 데서 나온다.

지금의 나는 과정 중에 있다

> 인간에게는 거쳐 가지 않으면 안 되는 여러 단계가 있지. 그리고 그 단계에는 각기 그 나름의 독특한 이점이 있는가 하면 결점도 있네. 그것들의 이점과 결점도 어디까지나 자연스러운 것이라고 볼 수 있고, 그 한도 내에서 정당한 것이야.
>
> 다음 단계에 이르게 되면 다시 변하게 되어 그때까지의 이점과 결점은 흔적도 없이 사라져 버리네. 그러나 이것을 대신하여 다른 장단점이 나타나게 되지. 이렇게 계속되다가 드디어 최종 변화에까지 가게 되지만, 그것이 어떻게 될 것인지는 우리는 아직 알 수 없어.[48]

괴테는 인간의 성장을 한 번에 완성되는 변화로 보지 않았다. 그는 성장이란 계단을 하나씩 올라가는 과정이라고 생각했다. 인생의 단계마다 필요한 태도와 성질이 다르고, 같은 성향이라도 놓인 시점에 따라 전혀 다른 의미를 갖는다는 것이다.

젊은 시기에는 용기가 큰 힘이 된다. 앞뒤를 깊이 따지지 않고 뛰어드는 성향 덕분에 새로운 길을 열 수 있기 때문이다. 물론 그 과정에서 실수와 실패도 따르지만, 그 경솔함 자체가 성장을 가능하게 하는 에너지이기도 하다.

그러나 시간이 흐르면 상황은 달라진다. 경험이 쌓일수록 신중함이 중요한 덕목이 된다. 판단을 서두르지 않고 여러 가능성을 살피는 태도는 책임 있는 선택으로 이어진다. 이 시기의 망설임은 약점처럼 보일 수 있지만, 사실은 성숙이 만들어 낸 변화다.

어떤 성향이 장점인지 결점인지는 고정된 기준으로 판단할 수 없다는 것이다. 그것은 그 사람이 지금 어떤 인생의 단계에서 있는가에 따라 달라진다. 장단점은 잘못이나 실패의 증거가 아니라, 현재의 위치를 알려 주는 신호에 가깝다.

인간은 성향을 없애서 완벽해지는 존재가 아니다. 각 시기에 필요한 성향을 통과하며 조금씩 변화해 가는 존재다. 괴테는 바로 이 과정을 인간 성장의 본질로 바라보고 있었다.

인간은 비슷한 생물학적 조건을 가지고 태어나지만, 성장의 과정 속에서 각기 다른 성격과 가치관, 행동 방식을 만들어 간다.

겉으로 보기에는 크게 다르지 않아 보여도, 내면에 자리 잡은 정체성과 취향은 사람마다 전혀 다르다. 우리가 흔히 말하는 '나다움'은 저절로 생긴 것도 아니고, 오로지 개인의 의지로만 만들어진 것도 아니다.

이 점에서 빌 설리번 교수의 설명은 의미 있는 보완이 된다. 그는 인간의 취향과 생각, 행동까지도 유전자만이 아니라 미생물, 생활 환경, 경험이 서로 얽히며 형성된다고 말한다. 우리가 어떤 사람으로 살아가게 되는가는 단순한 선택의 결과가 아니라, 보이지 않는 생물학적 설계와 환경의 영향이 겹쳐 만들어진다는 것이다.

이렇게 보면, 인간의 다양성과 개성은 우연이나 변덕의 산물이 아니다. 각자가 통과해 온 환경과 시간, 그리고 몸 안팎에서 작동해 온 수많은 조건들이 함께 빚어낸 결과다.

괴테가 말한 '성장의 단계' 역시 이런 맥락 위에 놓여 있다. 사람은 저마다 다른 조건 속에서 다른 속도로 성장하며, 그 과정 속에서 각자의 성향과 방향을 형성해 간다.

인간을 이해한다는 것은 겉으로 드러난 모습만을 판단하는 일이 아니다. 그 사람이 어떤 환경을 지나왔는지, 어떤 관계와 조건 속에서 지금의 모습에 이르렀는지를 함께 살펴보는 일이다.

괴테의 시선은 이 점에서 오늘날의 과학적 통찰과도 닿아 있다. 인간은 단순히 한두 번의 선택으로 완성되는 존재가 아니다. 관계와 환경, 그리고 시간이 차곡차곡 쌓이며 한 사람을 만든다.

이해란 단정이 아니라 맥락을 보는 일에 가깝다. 한 사람의 현재를 보면서도, 그 뒤에 놓인 시간과 조건을 함께 떠올릴 수 있을 때 우리는 비로소 더 깊이 이해하게 된다.

3. 자유란 스스로를 다스릴 수 있는 능력이다

자유는 감당할 수 있는 자리에 서는 것이다

인간은 건강하게 살고 자기 직업에 충실할 수 있을 만큼의 자유가 있으면 그것으로 충분한 것이야. 그리고 이만큼의 자유는 누구나 쉽게 가질 수 있는 것이지. 하지만 우리는 모두 일정한 조건을 충족시켜야만 자유로울 수 있어.

시민도 그가 태어난 신분에 의해 신이 제시한 자신의 한계를 지키기만 하면 귀족과 마찬가지로 자유이네. 귀족도 왕후와 마찬가지로 자유지. 그들은 궁정에서 단지 얼마 안 되는 의식을 따르기만 하면 왕후와 같은 심정으로 있을 수 있어.

우리의 위에 있는 것을 인정하지 않는 것이 아니라, 우리

> 위에 존재하는 것을 존경하는 것이 우리를 자유롭게 할 수 있다네. 왜냐하면 우리는 그런 존경을 통해 우리 자신을 그 존재가 있는 곳까지 높일 수 있기 때문이야. 또 그러한 존경은 우리도 가슴속에 높은 품격을 가지고 있으며, 그들과 동등한 것이 될 수 있는 가치가 있다는 것을 분명하게 보여주는 것이라네.[49]

괴테가 말하는 자유는 우리가 흔히 떠올리는 이미지와는 다르다. 그에게 자유란 위에 있는 질서나 권위를 부정해서 얻는 상태가 아니다. 오히려 그 구조를 이해하고 받아들인 뒤에도, 자신의 마음이 크게 흔들리지 않는 상태이다.

괴테에게 자유는 “아무에게도 얽매이지 않는 것”이나 “무엇이든 마음대로 선택하는 것”이 아니다. 그는 더 근본적인 질문을 던진다. 지금 내 삶이 무리 없이 굴러가고 있는가, 그리고 내가 나에게 주어진 몫을 감당하며 살고 있는가 하는 질문이다.

그래서 그가 말하는 자유의 기준은 의외로 단순하다. 몸과 마음이 크게 무너지지 않고 건강하게 유지되는 삶일 것, 그리고 맡은 일을 책임감 있게 해낼 수 있을 것. 이 두 가지가 가능하다면, 괴테는 이미 그 사람을 자유로운 인간으로 본다.

이 개념에는 오늘날 우리가 흔히 상상하는 무제한의 선택권이나, 모든 조건을 뛰어넘는 완전한 평등 같은 이상이 들어 있지 않다. 괴테는 그런 이상을 부정하기보다는, 현실의 조건 속에서 가능한 자유를 말하고 있다.

그에게 자유란 바깥의 제약이 모두 사라진 상태가 아니다. 제약이 존재하더라도, 그 안에서 자신의 자리를 이해하고 자신을 이해하며 살아가는 능력이다.

다시 말해 자유는 위계를 무너뜨린 결과가 아니라, 위계를 알면서도 거기에 휘둘리지 않는 내면의 균형이다.

괴테의 자유는 세상을 먼저 바꾸는 데서 시작되지 않는다. 세상 속에서 자신을 감당할 수 있을 때, 비로소 자유는 조용히 시작된다는 뜻이다.

이 지점에서 웨인 다이어의 말은 괴테의 생각과 자연스럽게 맞닿는다. 그는 『모두에게 사랑받을 필요는 없다』에서, 진정한 행복을 위해서는 타인과 자신의 가치를 끊임없이 비교하는 태도에서 벗어나야 한다고 말한다.

외부와의 비교에서 벗어나게 될 때, 자존감은 타인의 평가에 흔들리지 않게 되고, 사람은 비로소 자신의 내적 동기와 삶의 방향에 집중할 수 있는 여유를 갖게 된다.

타인의 기준이 아니라, 나만의 기준으로 자신을 바라보고 평가할 수 있을 때 삶의 중심은 밖이 아니라 안에 놓이게 된다. 부족한 부분을 남과 견주어 부끄러워하기보다, 스스로 인식하고 하나씩 채워 나갈 때 사람은 점점 자기 삶의 주인이 된다.

타인의 시선에 끌려다니는 삶이 아니라, 자신을 존중하며 자신의 기준을 따라 살아가는 삶, 그 안에 진정한 자존감과 만족이 자리한다.

괴테가 말한 자유를 이 관점에서 다시 떠올려 본다. 그는 자유를 거창한 해방이나 외적인 조건으로 설명하지 않는다. 몸과 마음이 무너지지 않도록 삶을 유지하고, 자신에게 맡겨진 일을 책임 있게 감당할 수 있다면 이미 자유로운 인간이라고 본다.

이 기준에 비추어 보면, 나는 적어도 그가 말한 자유의 조건 두 가지를 갖추고 살아가고 있다. 그렇다면 그의 눈으로 본다면, 나는 이미 자유의 한가운데에 서 있다고 말해도 무리는 아닐 것이다.

자유는 더 많은 것을 소유해서 생기는 상태가 아니다. 비교와 흔들림에서 한 걸음 물러나, 자기 자신을 감당할 수 있게 되었을 때 조용히 확인되는 태도에 가깝다. 웨인 다이어 역시 다른 언어로 비슷한 이야기를 한다. 외부의 조건이 아니라 내면의 기준에서 자유가 시작된다고 말이다.

자유는 얻는 것이 아니라, 스스로를 다스릴 수 있을 때 비로소 알아차리게 되는 삶의 상태일지도 모른다.

읽을 자유보다 중요한 것은, 무엇을 읽지 않을 자유다

> 괴테는 오늘도 월터 스콧을 극구 찬양했다
> "사람들은 너무나 하찮은 것을 많이 읽지. 하지만 그런 독서로는 시간을 낭비할 뿐 아무것도 얻는 것이 없어. 원래 사람들은 오직 칭찬할 만한 것을 읽어야 하는 것이네. 나는 청년 시절을 언제나 그렇게 보냈어.
> 그리고 지금도 월터 스콧을 읽으며 그렇게 하고 있지. 나는 이번에 <롭 로이>를 읽기 시작했는데, 계속하여 그의 훌륭한 소설들을 차례차례로 읽을 생각이라네. 물론 소재, 내용, 인물 묘사 그리고 취급 방법 등 모든 것이 위대하지."[50]

이 문장은 괴테가 어떻게 읽어야 사람이 성장하는가를 차근차근 설명한 말이다.

괴테는 책을 많이 읽는 것보다 어떻게 읽느냐가 훨씬 중요하다고 보았다. 그의 생각은 크게 세 단계로 나눌 수 있다.

첫째, 아무 책이나 많이 읽는다고 해서 사람이 달라지지는 않는다.

가볍게 읽고 지나가는 독서는 시간을 보냈다는 흔적만 남긴다. 페이지는 넘겼지만 생각은 깊어지지 않는다. 뭔가 많이 아는 것처럼 느껴질 수는 있지만, 내 삶이나 태도는 크게 변하지 않는다.

둘째, 독서는 선택이 필요하다.

괴테에게 독서는 무엇이든 받아들이는 개방이 아니다. 무엇을 읽지 않을지 결정하지 못하면, 내 생각의 중심을 잃게 된다. 독서는 '많이 읽는 일'이 아니라 '어디를 향해 읽는가'의 문제다. 방향이 없는 독서는 쌓이기만 할 뿐, 나를 자라게 하지는 못한다.

셋째, 위대한 책은 다시 읽게 만든다.

좋은 책은 한 번 읽고 끝나지 않는다. 시간이 흐른 뒤 다시 펼치면, 예전과 전혀 다른 의미로 다가온다. 읽는 사람이 달라졌기 때문이다. 그래서 괴테는 이미 읽은 작가의 작품을 반복해서 읽었다. 다시 읽을 수 있다는 사실 자체가 그 작품의 깊이를 보여준다.

괴테가 말하고 싶은 핵심은 분명하다. 독서는 많이 하는 일이 아니라, 걸러서 읽고 다시 펼치게 되는 책을 만나는 일이라는 것이다.

중요한 것은 읽은 책의 숫자가 아니다. 그 책이 나를 몇 번이나 다시 생각하게 했는지가 더 본질적이다. 한 번 읽고 끝나는 책이 아니라, 시간이 지나도 다시 돌아가게 되는 책이 우리를 바꾼다.

그래서 진짜 독서는 지식을 늘리는 일이 아니다. 그것은 생각을 깊게 하고, 삶의 방향을 조금씩 조정하며, 나를 천천히 변화시키는 과정에 가깝다. 읽는 양이 아니라, 남는 질문이 독서의 깊이를 결정한다.

정신은 육체를 지탱하지만, 모든 것을 밀어붙일 수는 없다

> 우리는 다음으로 육체의 병적인 상태, 그리고 육체와 정신 사이의 상호작용에 대해 이야기했다.
>
> "육체를 유지하는 데 있어서 정신이 얼마나 큰 힘을 가지고 있는가 하는 것은 믿을 수 없을 정도야. 나는 이따금 복부에 고통을 느낄 때가 있지만 정신의 의지력과 상반신의 힘으로 버티어 가고 있네.
>
> 모름지기 정신은 육체에 무릎을 꿇어서는 안 되지. 나는 기압계가 높을 때가 낮을 때보다 훨씬 일하기 쉽다네. 이것을 알고 있기 때문에 기압계가 낮을 때는 불리한 영향을 받지 않으려고 더 노력하는데, 그래서 그만큼 일이 잘되지.

그러나 시를 쓸 때는 무리를 하게 되면 작업이 잘되지 않아. 아무리 정신력을 불러일으켜도 일이 여물지 않으면 좋은 기회가 도래하는 것을 기다리는 수밖에 없어.
그러므로 나는 지금 <발푸르기스의 밤>의 구석구석에 충분한 힘과 아름다움이 갖추어질 때까지 시간을 충분히 들이고 있네. 상당히 진행되어 있기 때문에 자네가 출발하기 전까지는 완성될 거라고 생각하고 있지."[51]

괴테의 이 말이 전하려는 뜻을 조금 더 분명하게 풀어 보면 이렇다. 의지는 삶을 버텨 내는 데에는 큰 힘이 되지만, 성숙을 앞당겨 주지는 못한다는 것이다.

괴테는 의지의 역할과 한계를 분명히 구분한다. 의지력은 힘든 상황에서도 포기하지 않게 해 주고, 당장의 고비를 넘기게 해 준다.
그러나 삶이나 작품이 깊어지고 익어 가는 과정까지 억지로 앞당길 수는 없다. 어떤 단계에는 노력보다 시간이 필요하다.

성숙은 단순히 열심히 한다고 완성되는 결과가 아니다. 경험이 쌓이고, 실패가 가라앉고, 생각이 정리되는 시간이 필요하다. 의지로 모든 것을 밀어붙이려 할수록, 겉보기에는 빨라질 수 있지만 깊이는 오히려 얕아질 수 있다.

그래서 괴테는 이렇게 말하는 듯하다. 필요한 만큼 최선을 다하되, 익을 때까지 기다릴 줄 아는 태도 또한 성숙의 일부라는 것이다. 무조건 더 강하게 밀어붙이는 것이 아니라, 때로는 시간을 신뢰하는 자세가 필요하다는 뜻이다.

삶에는 의지로 버텨야 할 순간이 있는 동시에, 의지로 대신할 수 없는 '시간의 역할'이 반드시 존재한다. 그 시간을 존중할 줄 아는 사람이, 결국 더 단단한 성숙에 이르게 된다.

우리는 흔히 몸이 먼저인지, 마음이 먼저인지에 대해 이야기하곤 한다. 이 질문에 대해 나는 괴테의 생각에 더 가까이 서 있다. 그는 마음이 먼저라고 생각한다.

일상에서도 우리는 '심신(心身)'이라는 말은 자주 쓰지만, '신심(身心)'이라는 말은 거의 쓰지 않는다. 말의 순서에는 생각이 담기기 마련인데, 그만큼 마음을 몸보다 앞에 두어 왔다는 뜻일 것이다.

마음이 흔들리면 몸도 쉽게 지치고, 마음이 무너지면 아무리 건강한 몸도 제 역할을 하지 못한다. 그래서 괴테가 말한 '시간을 신뢰하라'는 태도는 단순한 휴식의 권유가 아니라, 마음을 먼저 회복하라는 조언에 가깝다. 우리가 흔히 말하는 "바쁠수록 쉬어 가라"는 말 역시 이와 같은 맥락에 놓여 있다.

의지와 열정만으로는 해결되지 않는 일이 분명히 존재한다. 그런 순간에는 더 밀어붙이기보다, 시간을 두고 기다릴 줄 아는 태도가 필요하다.

괴테가 말한 성숙은 바로 이 지점에서 드러난다. 모든 것을 의지로 해결하려 하지 않고, 때로는 시간의 역할을 믿고 맡길 줄 아는 자세가 지혜라는 것이다.

무엇이든 빨리 해내야 한다는 압박 속에서 살아가는 현대 사회, 특히 '빨리빨리'에 익숙한 우리에게 이 말은 더욱 의미 있게 다가온다.

괴테는 무조건 서두르지 말라고 말하는 것이 아니라, 서둘러도 되지 않는 순간을 알아차릴 줄 알라고 조언하는 듯하다. 언제 속도를 내야 하고, 언제 멈추어야 하는지를 구분하는 힘이 중요하다는 뜻이다.

그리고 그 분별력은 밖의 상황을 계산하는 능력에서 나오지 않는다. 먼저 자기 마음의 상태를 살필 줄 아는 사람에게서 자란다. 마음이 흔들린 채로 내린 결정은 쉽게 후회로 이어지지만, 스스로를 돌본 뒤 내린 판단은 더 오래간다.

속도를 조절하는 힘은 외부가 아니라 내부에서 시작된다. 자기 마음을 먼저 다룰 수 있을 때, 우리는 비로소 삶의 리듬을 스스로 선택할 수 있다.

4. 시간은 준비된 인간에게만 의미를 준다

삶의 각 시기는 서로 비교될 수 없다

"확실해진 것이 있지. 그것은 일생 중의 어떤 시기든 그 전후의 연대와 비교해 볼 때 일장일단이 있다는 것이야. 그렇지, 40대의 나는 두셋 사항에 있어서는 나무랄 데 없이 투철했네.

지금보다 훨씬 현명했고 여러 가지 점에 있어서 훨씬 나았지. 그렇긴 하지만 80세대인 지금도 그 당시와는 바꿀 수 없는 그런 좋은 점이 있다네."

내가 말했다. "당신의 말을 듣고 보니 머릿속에 '식물의 변태'가 떠오릅니다. 이제 사람은 누구나 개화기에서 푸른 잎사귀의 시기로, 또 열매를 맺는 시기에서 개화기로 돌아가는 것을 원하지 않는다고 하는 말의 의미를 잘 알 수 있을 것 같습니다."

"자네의 그 비유는" 하고 괴테는 말했다. "내가 말하고자 하는 것을 완전하게 표현하고 있네. 톱니 이빨 모양을 한 잎사귀를 한번 생각해 보세."하고 그는 웃으면서 말을 계속했다.

"그것이 자유롭게 무럭무럭 뻗어 나가는 상태에서 음울하고 거북한 작은 잎사귀로 돌아가고 싶겠는가? 사실 최고 연령의 상징으로 볼 수 있는 어느 식물이 만발과 결실의 시기를 지나 그 이상 아무것도 생산하지 않지만, 계속 원기 왕성하게 성장해 가고 있다고 하는 것은 기쁜 일이지."[52]

괴테는 인생을 경쟁이나 순위로 바라보지 않았다. 어느 시기가 더 낫고, 어느 시기가 뒤처진다는 식의 판단 자체를 경계했다. 그의 눈에 인생은 앞서고 뒤지는 경주가 아니라, 각기 다른 모습으로 완성되어 가는 과정이었다.

괴테는 자신의 삶을 돌아보며 솔직하게 말한다. 40대의 그는 판단이 빠르고 사고가 날카로웠으며, 행동에도 힘이 있었다. 그러나 그렇다고 해서 80대의 자신이 그보다 부족하다고 여기지는 않았다.

오히려 노년의 자신에게는 젊은 시절에는 가질 수 없었던 깊이와 여유, 삶 전체를 바라보는 통합된 시야가 있다고 보았다.

여기서 괴테가 중요하게 여긴 태도는 분명하다.
"지금이 예전보다 더 낫다"거나, "예전이 지금보다 더 좋았다"는 식의 결론을 쉽게 내리지 않는 것이다. 그는 인생의 시기들을 서로 비교의 대상으로 삼지 않았다.

괴테의 생각은 단순하면서도 단단하다. 인생의 각 시기에는 그 시기에만 가능한 강점과 완성이 있다. 젊음에는 젊음의 완성이 있고, 중년에는 중년의 완성이 있으며, 노년에는 노년만이 지닐 수 있는 완성이 있다. 어느 하나가 다른 시기보다 우월한 것이 아니라, 모두가 서로 다른 방식으로 완성되어 간다.

젊음은 젊음대로 이미 충분히 완성된 시기이고, 중년은 중년대로 의미 있는 완성의 시간이며, 노년 또한 그 자체로 하나의 완성이다. 인생은 점점 더 좋아지거나 나빠지는 직선이 아니라, 서로 다른 색과 결을 지닌 단계들이 이어지는 여정이라는 뜻이다.
그가 말하고자 한 핵심도 여기에 있다. 지금 내가 서 있는 시기는 이전보다 뒤처진 단계가 아니라, 또 다른 방식으로 익어가는 시간이라는 사실이다. 나이가 들수록 무언가를 잃는다고 느끼기보다, 다른 빛깔로 성숙해 가고 있다고 이해할 때 삶은 훨씬 단단해진다.

퇴직을 하나의 끝으로 받아들이거나, 이전보다 뒤처진 단계로 느끼기 쉽다.

젊을 때의 속도와 직함, 영향력을 떠올리며 지금의 자신을 비교하게 되기 때문이다. 그러나 괴테의 시선으로 보면, 지금의 시기는 결코 '감소한 인생'이 아니다. 다른 방식으로 완성되어 가는 또 하나의 단계다.

제2의 인생에서 필요한 태도는 과거와의 경쟁이 아니라, 현재의 역할을 정확히 받아들이는 것이다. 예전처럼 빠르게 결정하지 못하더라도, 대신 더 깊이 생각하고 더 넓게 바라볼 수 있다면 그것은 퇴보가 아니라 전환이다. 이전에는 성과와 실행이 강점이었다면, 지금은 판단의 무게, 관계를 읽는 감각, 전체 흐름을 조율하는 능력이 힘이 된다.

새로운 직장에서 살아간다는 것은 다시 젊어지려 애쓰는 일이 아니다. 과거의 방식으로 자신을 증명하려 하기보다, 지금의 위치에서만 가능한 기여가 무엇인지를 묻는 일이 더 중요하다. 괴테가 말하듯, 인생의 각 시기에는 그 시기만의 완성이 있다. 제2의 인생 역시 예외가 아니다.

괴테의 통찰을 따라가 보면, 이 시기의 삶에 필요한 태도도 분명해진다. 이전의 나와 끊임없이 비교하지 말 것, 아직 오지 않은 미래를 조급하게 앞당기려 하지 말 것, 그리고 지금의 나에게 주어진 깊이와 시야를 신뢰할 것.

이 세 가지가 지켜질 때 삶은 불안 대신 안정 위에 놓인다. 과거에 매달리지 않고, 미래에 쫓기지 않으며, 현재의 자리에서 자신을 인정하는 태도.

그렇게 살아갈 때 제2의 인생은 '다시 시작하는 삶'이 아니라, 앞선 시간들이 충분히 숙성되어 이어지는 다음 단계의 완성이 된다. 새로움이 덧붙는 것이 아니라, 이미 살아낸 시간들이 더 깊은 의미로 정리되는 순간이 되는 것이다.

나이는 시야를 바꾸지만, 지혜를 보장하지는 않는다

"세상 사람들은 곧잘 말하곤 하지." 하고 괴테는 웃으면서 말했다. "우리가 영리해지려면 나이를 먹어야 한다고 말이야. 그러나 나이를 먹는다고 해도 전과 마찬가지로 현명하게 몸을 가꾸기는 더욱 어려워지네.

인간은 나이가 들어갈수록 달라지기는 하지만 그렇다고 한층 더 현명해진다고는 말할 수 없어. 때에 따라서는 20대 때와 마찬가지로 60대에 이르러서도 어느 쪽이 옳다고 말할 수 없을 때도 있지.

사실 이 세계는 평지에서 볼 때하고 산의 높은 곳에서, 또 원시산맥의 빙하에서 볼 때가 각각 다르네. 우리가 어떤 한 입장에 서면 세계의 한 부분을 다른 입장에서보다 더 많이 볼 수 있을 거야.

그러나 그것뿐인 것이지. 어느 입장이 다른 입장보다 더 올바르게 본다고 말할 수는 없는 거야. 그러므로 만약 어떤 작가가 그의 생애의 여러 가지 단계를 거치면서 그때마다 기념비를 남기려고 한다면, 날 때부터의 소질과 성의를 갖고 어떤 단계도 순수하게 보고 느껴야 하네.

또 부차적인 목적을 끼워 넣지 말고 그가 생각하는 것을 직접적으로 충실하게 표현하는 것이 중요하지. 그리고 그것이 쓰이는 단계에서 옳은 것이었다면, 그 작가가 훗날 어떻게 발전하고 어떻게 변화하더라도 그 작품은 언제나 옳은 것으로 남게 될 걸세."[53]

괴테는 사람들이 흔히 당연하게 여기는 생각부터 다시 묻는다. 우리는 보통 나이가 들수록 저절로 더 지혜로워질 것이라 기대한다.

하지만 괴테는 그렇게 단순하지 않다고 본다. 오히려 몸을 돌보고, 삶을 꾸려 가며, 중요한 선택의 책임을 감당하는 일은 나이가 들수록 더 버거워질 수도 있다고 말한다.

물론 사람은 나이를 먹으며 변한다. 경험은 쌓이고, 세상을 바라보는 시야도 넓어진다. 그러나 그것이 곧 판단이 더 정확해진다는 뜻은 아니다.

그래서 괴테는 이렇게 말한다. 스무 살에도, 예순이 되어도 여전히 결정을 망설이게 되는 순간은 똑같이 찾아온다고. 나이는 지혜를 자동으로 보장해 주는 증표가 아니라는 뜻이다.

지혜는 시간이 대신 만들어 주는 것이 아니라, 각 시기를 얼마나 성실하게 통과했는가에 따라 달라진다.

그래서 괴테는 현재의 자신을 과거의 자신과 비교하지 않는다. 지금의 내가 예전보다 더 낫다고도, 더 부족하다고도 말하지 않는다.

단지 서로 다른 자리에 서 있을 뿐이라고 본다. 중요한 것은 비교가 아니라, 지금 이 자리에서 무엇을 보고 있는지, 어떤 마음으로 세상을 대하고 있는지, 그리고 이 시기를 어떻게 살아가고 있는지이다.

젊은 시절의 나를 부끄러워할 필요도 없고, 지금의 나를 지나치게 높이 평가할 필요도 없다. 인생의 각 시기는 서로를 대신할 수 없는 고유한 시간이다.

서툴렀던 시절도 그 나름의 완성이었고, 지금의 자리도 또 다른 형태의 완성이다. 어느 한 시기가 더 낫거나 더 뒤처진 단계가 아니라, 각기 다른 빛깔과 역할을 가진 시간들일 뿐이다.

이 대목은 "삶의 각 단계는 우열로 나눌 수 없다"는 생각을 가장 단단하게 정리한 그의 철학이라 할 수 있다. 삶은 비교의 사다리가 아니라, 서로 다른 결을 지닌 시간들의 연속이라는 점을 그는 조용히 일깨워 준다.

괴테의 생각을 이어서 보면, 나이와 지혜는 반드시 함께 자라지 않는다. 지혜는 나이 그 자체에서 생기는 것이 아니라, 그 나이에 걸맞은 책임과 선택을 얼마나 스스로 감당하며 살아왔는가에 따라 달라진다.

얼마나 오래 살았는지가 아니라, 그 시간 동안 얼마나 자기 삶을 자기 몫으로 살아냈는지가 중요하다는 뜻이다.

우리 주변을 돌아보면 겉모습은 분명 어른이지만, 마음은 아직 자라지 못한 사람들을 종종 만난다. 흔히 말하는 '어른 아이'다. 나이는 들었지만 여전히 누군가에게 기대고 싶어 하고, 중요한 결정 앞에서는 스스로 책임지기보다 타인의 판단에 의존한다. 선택의 결과를 감당하기보다는, 누군가 대신 결정해 주기를 바라는 태도가 몸에 배어 있다.

이런 모습은 개인의 성격 문제라기보다 성장 과정에서 형성된 관계의 결과일 때가 많다. 지나치게 보호적인 부모 아래에서 자란 경우, 자식은 신체적으로는 독립했지만 정신적으로는 여전히 부모의 영향권에 머물기 쉽다.

무조건적인 포용과 개입 속에서 자란 사람은 스스로 판단하고 책임지는 훈련을 충분히 거치지 못한다. 그 결과, 사소한 일에도 결정을 미루고, 책임을 회피하며, 부모뿐 아니라 주변 사람들에게까지 기대는 습관을 갖게 된다.

이런 상태에서는 나이가 아무리 들어도 지혜가 깊어지기 어렵다. 오히려 시행착오를 통해 배우는 젊은이보다 더 미숙한 판단을 반복할 수도 있다. 괴테가 말한 '지혜는 나이에서 자동으로 따라오지 않는다'는 통찰은, 바로 이런 모습을 염두에 둔 말로 읽힌다.

괴테의 사유를 따라가 보면, 성숙은 어른처럼 보이는 데 있지 않다. 그것은 자기 삶의 결정과 그로 인한 결과를 스스로 감당할 수 있는 힘을 기르는 일에 가깝다.

나이에 맞는 지혜란 더 많이 아는 태도나 점잖은 겉모습에서 나오지 않는다. 보호받는 자리에 머무르는 대신, 자기 자리를 책임지는 선택에서 비롯된다. 성숙은 역할을 흉내 내는 것이 아니라, 그 역할의 무게를 받아들이는 일이다.

좋은 말이 모두에게 필요한 것은 아니다

> 우리는 고상한 잠언을 다른 사람에게 전하는 것이 유익한 것인가 그렇지 않은 것인가, 그리고 그렇게 하는 것이 가능한가 그렇지 않은가 이야기했다.
> "수준이 높은 것을 받아들이는 소질은 극히 드물다네. 그러므로 보통 이런 것은 자기 혼자만을 위해서 간직하고 있다가, 다만 다른 사람에게 이익이 될 필요가 있을 때만 끄집어내는 것이 좋은 일이네."[54]

괴테의 이 생각은 한 가지 분명한 방향을 가리킨다.

지혜는 드러내기 위해 쓰이는 것이 아니라, 꼭 필요한 순간에 조용히 건네질 때 비로소 힘을 가진다는 점이다. 일상적인 말로 풀면, 아무에게나 조언하지 말고, 정말로 듣고자 하는 사람에게만 말하라는 뜻이다. 그리고 그 말이 실제로 도움이 될 때만 입 밖으로 내라는 이야기이기도 하다.

"좋은 말은 많다. 하지만 모든 말이 모든 사람에게, 지금 이 순간에 필요한 것은 아니다."

이 태도는 조언을 하는 사람에게만 해당되지 않는다. 부모가 아이에게 건네는 말에도, 조직을 이끄는 리더의 말에도, 글을 쓰는 사람이 고르는 문장에도 그대로 적용된다. 중요한 것은 말을 많이 하는 능력이 아니라, 그 말이 지닐 영향과 무게를 알고 있는가 하는 점이다.

그래서 여기서 드러나는 괴테의 생각은 단순히 "말을 아끼라"는 권유가 아니다. 그는 침묵을 미덕으로 삼으라고 말하는 것이 아니라, 말이 지닌 책임을 자각하라고 요구한다.

지혜란 결국, 언제 말해야 하고 언제 멈춰야 하는지를 분별할 수 있는 능력이며, 그 분별이 있을 때 말은 비로소 사람을 살리는 힘을 갖게 된다는 사실을 조용히 일러주고 있다.

성과는 새로움이 아니라, 반복 속에서 만들어진다

그런 다음 일단 좋은 각본이나 가극의 예행연습이 끝나게 되면, 극장이 만원 상태를 계속하고 있는 그 사이에 한 짧은 기간을 집어넣어서 상연을 계속하는 것이 좋지. 오래된 것 중에서 좋은 각본이나 좋은 가극이 있으면 이것에 대해서도 마찬가지야.

그런 것들은 오랜 세월 동안 공연되지 않았던 것이기 때문에, 지금 그것을 상연하여 다시 성공을 거두기 위해서는 마찬가지로 이만저만이 아닌 연구가 필요하겠지.

이런 상연도 마찬가지로 짧은 기간 동안 간격을 두면서, 관객들이 그것에 흥미를 보이는 한 여러 번 되풀이하여 상

> 연하는 것이 좋지.
> 쉬지 않고 새로운 것을 보고 싶어 하거나, 말로는 다할 수 없을 만큼 고생을 해가며 예행연습을 한 좋은 각본과 가극을 기껏 두 번 정도 관람하는 것은 좋지 않네.
> 또 이러한 것을 다시 상연하기까지 6주에서 8주 간의 경과를 두고 새삼스럽게 새로운 연구를 하는 나쁜 습관은 정말 극장을 파멸로 몰고 가는 것이며, 출연자의 힘을 남용하는 것으로 전적으로 용서할 수 없는 일이야.[55]

괴테가 보기에 극장을 병들게 만드는 진짜 원인은 형편없는 작품이 아니었다. 문제는 좋은 작품을 충분히 반복해 보고, 천천히 음미하려 하지 않는 관객의 태도였다.

한 번 보고 곧바로 평가를 내려 버리고, 금세 흥미를 잃은 채 다음 자극을 찾는 습관이야말로 극장을 소모시킨다는 것이다.

이 시선은 오늘 우리의 삶에도 그대로 이어진다. 우리는 무엇이든 너무 빨리 지루해한다. 아직 익숙해지기도 전에 다른 것을 찾고, 충분히 겪어 보지도 않았으면서 쉽게 결론을 내린다. 깊어질 시간, 스며들 시간이 주어지지 않는다.

그러나 괴테가 말하듯, 반복 없이 깊어지는 것은 없다. 작품도 그렇고, 삶도 그렇고, 사람과의 관계도 마찬가지다. 한 번의 경험만으로 판단하려는 태도는 이해를 낳지 못한다. 감각이 몸에 남고, 의미가 쌓이기 위해서는 같은 것을 여러 번 다시 만나야 한다.

괴테의 말은 이렇게 들린다. 삶을 얕게 만드는 것은 한두 번의 잘못된 선택이 아니라, 좋은 것을 충분히 반복해 보지 못하는 조급함이라는 것이다.

우리는 종종 실수를 두려워하지만, 더 큰 문제는 금방 싫증을 내고 방향을 바꾸는 태도일지도 모른다. 의미 있는 일은 한 번의 시도로 완성되지 않는다. 반복 속에서 깊어지고, 시간을 통과하며 비로소 힘을 얻는다.

삶을 단단하게 만드는 것은 완벽한 선택이 아니라, 가치 있다고 느낀 것을 끝까지 밀고 나가는 꾸준함이다. 조급함을 내려놓을 때, 비로소 깊이는 자라난다.

현대의 사람들은 새로운 것과 빠른 변화를 끊임없이 좇는다. 그만큼 천천히 생각하고 기다리는 힘은 점점 약해지고 있다.

괴테가 보기에, 이런 상태의 근원에는 조급함이 자리하고 있다. 그렇다면 이 조급함은 어디에서 오는 것일까.

조급함은 대개 자기 자신을 받아들이지 못하는 데서 생겨난다. ‘이래서는 안 된다’, ‘지금보다 더 나아져야 한다’는 마음이 현재의 속도를 견디지 못하게 만든다.

반대로 자기 수용이 일어나면 삶은 더 이상 급해지지 않는다. 지금의 모습과 속도 역시 하나의 과정으로 받아들이게 되기 때문이다. 이 느림은 뒤처짐이 아니라, 삶이 자기 자리를 찾아가고 있다는 신호에 가깝다.

자기 수용은 통찰의 끝이 아니다. 오히려 통찰이 머릿속에서 내려와 삶 속에 자리 잡는 지점이다. 그 순간부터 성찰은 생각에 머무르지 않고 태도가 된다. 그리고 그 태도는 반복을 거치며 삶의 결로 굳어 간다.

그래서 나는 더 이상 “이런 나를 고쳐야 한다”라고 자신을 몰아붙이지 않게 되었다. 대신 이렇게 묻기 시작했다.

“이런 구조를 가진 내가, 지금 이 상황에서 할 수 있는 선택은 무엇일까.”

이 질문에는 비난도, 회피도 없다. 그래서 오래 지속될 수 있었다. 나를 부정하지도, 합리화하지도 않으면서 그 자리에서 가능한 선택을 찾는 태도는 생각보다 큰 힘을 주었다.

자기 수용은 나를 특별한 사람으로 만들어 주지는 않는다. 그러나 나를 더 이상 갈라지지 않게 만든다. 그 통합의 힘은 관계를 안정시키고, 삶의 방향을 쉽게 흔들리지 않게 한다.

삶이 깊어지는 순간은 더 빨리 가려고 애쓸 때가 아니라, 지금의 나를 받아들이며 같은 길을 다시 걸을 수 있게 되었을 때 찾아온다는 사실을 확신하게 되었다.

맺음말

인생은 풀리는 것이 아니라, 풀어 가는 것이다.

우리는 종종 인생이 어느 순간 스스로 풀리기를 기대한다. 좋은 기회가 오면, 누군가가 나를 알아봐 주면, 시간이 지나면 자연스럽게 정리될 것이라 믿는다. 그러나 삶은 그렇게 저절로 정리되지 않는다. 인생은 기다리는 것이 아니라, 해석하고 선택하며 풀어 가는 것이다.

이 책을 통해 나는 괴테의 문장을 다시 읽었지만, 사실은 내 삶을 다시 읽고 있었다. 그의 말은 거창한 이론이 아니었다. 그것은 태도에 관한 이야기였고, 속도에 관한 이야기였으며, 무엇을 붙들고 무엇을 내려놓아야 하는지에 대한 이야기였다.

괴테는 우리에게 완벽해지라고 말하지 않는다. 대신 스스로를 관찰하라고 말한다.

남을 바꾸려 애쓰기보다 자신을 조율하라고 말한다.

많이 아는 사람이 되기보다 하나를 책임질 줄 아는 사람이 되라고 말한다.

그의 문장은 언제나 삶의 한가운데를 향한다.

흔들리는 순간이 찾아와도 괜찮다. 삶에서의 동요는 피할 수 없는 일이지만, 그 흔들림 속에서도 스스로를 완전히 무너지게 두지만 않는다면 우리는 다시 중심을 잡을 수 있다. 사랑은 애써 설명하려 들지 말고, 교양은 과시하려 하지 말며, 재능은 조급하게 증명하려 하지 말아야 한다.

진짜 가치는 말이나 드러냄 속에 있기보다, 시간이 지나도 변하지 않는 태도와 꾸준한 삶의 자세 속에서 자연스럽게 드러나는 법이기 때문이다.

비난이 쏟아질 때는 맞서 싸우기보다 이미 다음 걸음을 준비하라고 그는 말한다.

이 책을 덮는 지금 괴테가 남긴 것은 문학 작품만이 아니라, 삶을 다루는 하나의 기술이었다는 것을 깨닫는다.

관점을 바꾸는 순간, 복잡한 문제도 다른 결로 보이기 시작한다.

시련은 나를 드러내는 거울이 되고, 실패는 방향을 수정하는 신호가 되며, 관계는 나를 확장하는 장이 된다.

괴테를 통해 나는 한 가지 분명한 깨달음에 이르렀다. 인생은 어딘가에 도달하면 끝나는 문제가 아니라, 끝까지 성실하게 통과해야 할 과정이라는 사실이다. 해결해야 할 대상으로 삶을 대할 때 우리는 조급해지지만, 통과해야 할 여정으로 받아들일 때 우리는 비로소 태도를 바로 세우게 된다.

삶은 정답을 찾는 시험이 아니라, 매 순간을 어떻게 살아내는지로 완성되는 긴 배움의 시간임을 그는 조용히 보여주고 있었다.

정답을 주는 책이 아니라, 질문을 다시 붙들게 하는 책
조급함을 부추기는 책이 아니라, 한 박자 멈추게 하는 책
남을 이기게 하는 책이 아니라, 자신을 다스리게 하는 책
인생은 쉽게 풀리지 않는다.

그러나 스스로 풀어 가겠다는 태도를 갖는 순간, 이미 절반은 시작된 것이다.

괴테를 통해 인생을 풀어 보려 했던 이 여정이 이제는 당신의 삶 속에서 조용히 이어지기를 바란다.

감사의 말

『괴테로 인생을 풀다』는 위대한 사상가를 해설하기 위해 쓴 책이 아닙니다.

그의 문장을 통해 제 삶을 다시 비추어 보고, 스스로를 정직하게 돌아보기 위해 쓴 기록입니다.

이 책은 『나를 알아가는 삶』에서 시작된 사유의 연장선 위에 있습니다. 또한 동양적 철학을 바탕으로 쓴 『아빠의 책장』과도 자연스럽게 이어집니다. 다만 이번에는 괴테의 시선을 통해 나 자신을 다시 이해해 보고자 했다는 점에서 또 다른 의미를 지닙니다. 동양과 서양, 두 사유의 축을 통과하며 결국 제가 묻고 싶었던 질문은 하나였습니다.

"나는 어떤 태도로 삶을 살아가고 있는가."

괴테를 읽는 시간은 지식을 정리하는 작업이 아니었습니다.

어떻게 살아왔는지, 무엇을 붙들고 여기까지 걸어왔는지, 그리고 앞으로 어떤 기준 위에 서야 하는지를 스스로에게 묻는 여정이었습니다.

이 책을 쓰는 동안 저는 자주 생각에 깊이 잠겼습니다.

문장을 고치기 위해서가 아니라, 제 태도를 돌아보기 위해 멈추었습니다. 괴테의 문장 앞에 서면, 그동안 쉽게 지나쳐 왔던 장면들이 다시 떠올랐습니다. 미루어 두었던 선택들, 조급했던 판단들, 충분히 성실하지 못했던 순간들까지도 다시 마주하게 되었습니다. 그 과정은 결코 가볍지 않았지만, 그렇기에 저에게는 더욱 값진 시간이었습니다.

이 책이 누군가에게는 단순한 독서가 아니라, 자기 자신을 비추어 보는 조용한 거울이 되기를 바랍니다.

이 책이 세상에 나올 수 있었던 것은 저 혼자의 힘이 아닙니다.

원고의 방향을 함께 고민해 주시고, 문장이 흔들릴 때마다 중심을 잡아 주신 '이음과펼침'의 편집진 여러분께 깊이 감사드립니다. 덕분에 이 책은 생각의 과잉이 아니라, 다듬어진 질문으로 남을 수 있었습니다.

늘 제 삶과 글을 기쁨으로 응원해 주시는 권정희 사모님께도 깊이 감사드립니다. 제가 스스로를 의심할 때도 제 안의 가능성을 먼저 믿어 주신 그 신뢰는, 이 책 전체를 지탱해 준 가장 큰 힘이었습니다.

그리고 무엇보다, 가장 가까운 자리에서 저를 지켜준 가족에게 고마움을 전합니다.

아버지로서, 남편으로서 완벽하지 못했던 순간들 속에서도 묵묵히 곁을 지켜 준 아내와 아이들 덕분에 저는 관찰을 글이 아니라 삶 속에서 배울 수 있었습니다. 이 책의 많은 문장은 가족과의 일상 속에서 태어났습니다.

현재 지엘엔인터내셔널에서 함께 일하고 있는 이석 대표님과 동료 여러분께도 진심으로 감사드립니다. 조직 안에서 경험한 갈등과 협력, 책임과 선택의 순간들은 이 책의 사유를 현실로 단단하게 만들어 주었습니다. 그 경험이 없었다면, 이 글은 머릿속 생각에 머물렀을지도 모릅니다.

저를 이 세상으로 이끌어 주신 아버지 박수석님과 어머니 서필연님께 깊이 감사드리며, 춘광 형님과 정란숙 형수님, 종련 누님, 종숙 누님과 조재형 자형, 해숙 누님과 조희교 자형, 영희 누님과 김종만 자형, 정미 누님과 차석보 자형, 여러분의 응원과 격려에 성장할 수 있었습니다.

형제자매와 가족들의 응원과 격려 속에서 저는 늘 제 자리로 돌아올 수 있었습니다. 삶은 혼자 완성하는 것이 아니라는 사실을 저는 가족을 통해 배웠습니다.

이 책은 하나의 결론이 아니라, 계속 이어질 질문의 시작입니다.

앞으로도 저는 더 많이 아는 사람이 되기보다, 더 성실하게 살아가는 사람이 되기를 선택하려 합니다.

괴테를 통해 배운 가장 큰 가르침은, 인간은 완성되는 존재가 아니라 끊임없이 형성되어 가는 존재라는 사실이기 때문입니다.

이 여정에 함께해 주신 모든 분들께 깊이 감사드립니다.

그리고 이 책을 펼쳐 주신 독자 여러분께도 진심으로 고맙다는 말씀을 전합니다.

참고문헌

1 요한 페터 에커만, 『괴테와의 대화』, 곽복록 옮김, 동서문화사, 2016, 175-176쪽

2 에커만, 『괴테와의 대화』, 403쪽

3 에커만, 『괴테와의 대화』, 52-53쪽

4 에커만, 『괴테와의 대화』, 558-559쪽

5 에커만, 『괴테와의 대화』, 638쪽

6 에커만, 『괴테와의 대화』, 54쪽

7 에커만, 『괴테와의 대화』, 97쪽

8 에커만, 『괴테와의 대화』, 132쪽

9 에커만, 『괴테와의 대화』, 338-339쪽

10 에커만, 『괴테와의 대화』, 371쪽

11 에커만, 『괴테와의 대화』, 320쪽

12 에커만, 『괴테와의 대화』, 322-323쪽

13 에커만, 『괴테와의 대화』, 434쪽

14 에커만, 『괴테와의 대화』, 498쪽

15 에커만, 『괴테와의 대화』, 77쪽

16 에커만, 『괴테와의 대화』, 177-179쪽

17 에커만, 『괴테와의 대화』, 355쪽
18 에커만, 『괴테와의 대화』, 196-197쪽
19 에커만, 『괴테와의 대화』, 316쪽
20 에커만, 『괴테와의 대화』, 321쪽
21 에커만, 『괴테와의 대화』, 86쪽
22 에커만, 『괴테와의 대화』, 598-599쪽
23 에커만, 『괴테와의 대화』, 172쪽
24 에커만, 『괴테와의 대화』, 193, 337쪽
25 에커만, 『괴테와의 대화』, 402쪽
26 에커만, 『괴테와의 대화』, 428쪽
27 에커만, 『괴테와의 대화』, 136쪽
28 에커만, 『괴테와의 대화』, 498쪽
29 에커만, 『괴테와의 대화』, 555-556쪽
30 에커만, 『괴테와의 대화』, 103-104쪽
31 에커만, 『괴테와의 대화』, 592-593쪽
32 에커만, 『괴테와의 대화』, 625-626쪽
33 에커만, 『괴테와의 대화』, 630-631쪽
34 에커만, 『괴테와의 대화』, 74쪽
35 에커만, 『괴테와의 대화』, 458쪽
36 에커만, 『괴테와의 대화』, 622쪽
37 에커만, 『괴테와의 대화』, 99-100쪽
38 에커만, 『괴테와의 대화』, 407쪽
39 에커만, 『괴테와의 대화』, 675쪽
40 에커만, 『괴테와의 대화』, 293쪽
41 에커만, 『괴테와의 대화』, 495쪽
42 에커만, 『괴테와의 대화』, 501-502쪽
43 에커만, 『괴테와의 대화』, 182-183쪽
44 에커만, 『괴테와의 대화』, 227쪽

45 에커만, 『괴테와의 대화』, 355쪽

46 에커만, 『괴테와의 대화』, 373-374쪽

47 에커만, 『괴테와의 대화』, 66쪽

48 에커만, 『괴테와의 대화』, 525쪽

49 에커만, 『괴테와의 대화』, 246-247쪽

50 에커만, 『괴테와의 대화』, 527쪽

51 에커만, 『괴테와의 대화』, 458-459쪽

52 에커만, 『괴테와의 대화』, 406, 408쪽

53 에커만, 『괴테와의 대화』, 504-505쪽

54 에커만, 『괴테와의 대화』, 534쪽

55 에커만, 『괴테와의 대화』, 627-628쪽

괴테로 인생을 풀다

초판 1쇄 발행 2026년 3월 5일

지은이 박기형
펴낸이 권지현
펴낸곳 이음과펼침
책임편집 이음과펼침 편집부

출판등록 2025년 7월 21일 제2025-000129호
주소 서울시 서초구 양재동 392-3, 202B
이메일 connectnbloom@gmail.com
원고투고 connectnbloom@gmail.com
홈페이지 www.connectnbloom.com

ISBN 979-11-24329-12-2(03190)